***ACCESO GRATIS** a la Lectura en la Nube*

Para visualizar el libro electrónico en la nube de lectura envíe junto a su nombre y apellidos una fotografía del código de barras situado en la contraportada del libro y otra del ticket de compra a la dirección:

ebooktirant@tirant.com

En un máximo de 72 horas laborales le enviaremos el código de acceso con sus instrucciones.

La visualización del libro en **NUBE DE LECTURA** excluye los usos bibliotecarios y públicos que puedan poner el archivo electrónico a disposición de una comunidad de lectores. Se permite tan solo un uso individual y privado

TÓPICOS DE LA GESTIÓN EN LA INNOVACIÓN

TÓPICOS DE LA GESTIÓN EN LA INNOVACIÓN

Coordinadores:
Ricardo Fernando Rosales Cisneros
Nora del Carmen Osuna Millán
Juan Antonio Meza Fregoso
Carlos Alberto Flores Sánchez

Prólogo:
M.C. Maribel Guerrero Luis

tirant lo blanch
Ciudad de México, 2024

En caso de erratas y actualizaciones, la Editorial Tirant Humanidades publicará la pertinente corrección en la página web www.tirant.com/mex/.

Este libro será publicado y distribuido internacionalmente en todos los países donde la Editorial Tirant lo Blanch esté presente.

DISTRIBUYE: TIRANT LO BLANCH MÉXICO
Av. Tamaulipas 150, oficina 502
Hipódromo, Cuauhtémoc, 06100, Ciudad de México
TELFS.: +52 1 55 65502317
infomex@tirant.com
www.tirant.com/mex/
www.tirant.es
Librería virtual: www.tirant.es
ISBN: 978-84-1095-326-0
ISBN UABC Impreso: 978-607-607-976-8
Electrónico: 978-607-607-977-5

Si tiene alguna queja o sugerencia, envíenos un mail a: *atencioncliente@tirant.com*. En caso de no ser atendida su sugerencia, por favor, lea en *www.tirant.net/index.php/empresa/politicas-de-empresa* nuestro procedimiento de quejas.

Responsabilidad Social Corporativa: *http://www.tirant.net/Docs/RSCTirant.pdf*

Universidad Autónoma de Baja California

Dr. Luis Enrique Palafox Maestre
Rector

Dr. Joaquín Caso Niebla
Secretario general

Dra. Lus Mercedes López Acuña
Vicerrectora Campus Ensenada

Dr. Jesús Adolfo Soto Curiel
Vicerrector Campus Mexicali

Dra. Haydeé Gómez Llanos Juárez
Vicerrectora Campus Tijuana

Dra. Margarita Ramírez Ramírez
Directora de la Facultad de Contaduría y Administración, Campus Tijuana

Índice

Prólogo

En la era actual, la innovación y la gestión de la tecnología se han consolidado como pilares fundamentales para el desarrollo y la competitividad de las organizaciones, impactando tanto al sector privado como al público y a la sociedad en general. En este contexto, el libro *Tópicos de la Gestión en la Innovación* ofrece un análisis profundo de esta realidad, centrándose especialmente en áreas clave como las telecomunicaciones, la educación superior y la transformación digital. A través de sus capítulos, el texto examina cómo la pandemia de COVID-19 ha sido un catalizador para la rápida adopción de tecnologías digitales en sectores tan diversos como el comercio, el entretenimiento, el teletrabajo y, de manera destacada, la educación.

La crisis sanitaria impulsó a las Instituciones de Educación Superior (IES) a replantear sus modelos de operación, migrando hacia plataformas en la nube y explorando la integración de tecnologías avanzadas, tales como la inteligencia artificial (IA), el Internet de las cosas (IoT) y la analítica de datos. Estas herramientas han permitido que las IES adapten sus servicios y procesos educativos para satisfacer las demandas de un entorno en constante cambio y de estudiantes cada vez más digitalizados. Sin embargo, el libro no solo se detiene en los beneficios de esta transformación, sino que también analiza los desafíos y las resistencias que surgen en el camino hacia una digitalización plena y eficiente.

En este sentido, uno de los temas centrales del libro es el impacto de la digitalización en la Educación 4.0, un modelo educativo alineado con la Cuarta Revolución Industrial que busca dotar a los estudiantes de habilidades técnicas avanzadas, pensamiento crítico y capacidad de adaptarse a los cambios tecnológicos. Sin embargo, la investigación revela que, si bien los estudiantes reconocen el valor de estas tecnologías, persiste una brecha en su conocimiento práctico sobre la Industria 4.0 y sus aplicaciones reales en el ámbito laboral. Esta brecha representa un desafío significativo para las instituciones educativas en México, ya que necesitan adaptarse e implementar enfoques más prácticos e integrales para preparar a los futuros profesionales ante los retos de una economía digital globalizada.

Además, el libro aborda las complejidades legales y éticas asociadas con la transformación digital en las IES, poniendo énfasis en la importancia de una planificación estratégica que incluya el cumplimiento de normativas y la protección de datos personales. Este aspecto es especialmente relevante en un contexto donde la privacidad y la seguridad de la información son temas críticos, y donde cualquier fallo en su gestión puede tener repercusiones legales y afectar la confianza en las instituciones.

Con una metodología mixta que integra enfoques cuantitativos y cualitativos, *Tópicos de la Gestión en la Innovación* presenta una perspectiva amplia y fundamentada de las tendencias actuales en digitalización e innovación tecnológica tanto en el ámbito educativo como en el empresarial en México. La obra no solo explora los aspectos técnicos de la transformación digital, sino que también subraya la necesidad de una visión holística que aborde los desafíos éticos, legales y sociales que acompañan el uso de tecnologías emergentes. Así, el libro se convierte en una guía esencial para académicos, profesionales y estudiantes que buscan comprender cómo las tecnologías emergentes están remodelando el futuro de la educación y las organizaciones, y por qué es necesario un enfoque integrador para asegurar una transformación digital responsable y sostenible.

El impacto de la transformación digital y la innovación tecnológica en la sociedad es amplio y profundo, afectando tanto las relaciones interpersonales como las dinámicas laborales y el acceso a la información. La acelerada adopción de estas tecnologías ha modificado las formas en que las personas interactúan, colaboran y consumen, creando una dependencia cada vez mayor de los entornos digitales. En este contexto, la digitalización no solo implica una ventaja competitiva para las organizaciones, sino que también está configurando nuevas oportunidades y desafíos en el ámbito social. Los ciudadanos necesitan adquirir competencias digitales y habilidades críticas para poder desenvolverse en esta nueva realidad, donde las tecnologías no solo facilitan tareas diarias, sino que también moldean el acceso a servicios básicos, como la educación y la salud. Por lo tanto, es crucial analizar cómo estas tecnologías están redefiniendo la vida cotidiana y generando un cambio en los modelos sociales tradicionales.

Asimismo, el análisis profundo de estos temas es esencial para comprender las consecuencias a largo plazo de la transformación digital en la cohesión social y la igualdad de oportunidades. La integración de tecnologías avanzadas en diversos sectores está abriendo brechas de acceso entre aquellos con habilidades y recursos para aprovechar estas herramientas y aquellos que, por falta de capacitación o recursos, quedan rezagados. Esta brecha digital, si no se aborda adecuadamente, podría profundizar las desigualdades socioeconómicas, generando una sociedad fragmentada en la que no todos los individuos tienen las mismas posibilidades de desarrollo. Por esta razón, el libro enfatiza la necesidad de políticas públicas y estrategias educativas orientadas a reducir estas desigualdades, asegurando que la transformación digital beneficie de manera equitativa a todos los sectores de la población.

Finalmente, el análisis de la digitalización y la innovación tecnológica cobra una relevancia crucial para anticipar los cambios éticos y normativos que estas transformaciones demandan. La implementación de tecnologías como la inteligencia artificial y el análisis de datos masivos plantea cuestionamientos sobre la privacidad, la seguridad y el control de la información personal. La sociedad necesita debatir y reflexionar sobre estos temas para establecer límites y marcos regulatorios que garanticen un uso ético y responsable de la tecnología. Este libro, al abordar de manera crítica estos aspectos, se convierte en una herramienta valiosa para académicos, legisladores y ciudadanos interesados en promover una transformación digital que respete los derechos individuales y fortalezca el bienestar colectivo. La comprensión y el análisis de estos temas son fundamentales para construir una sociedad donde la innovación no solo sea un motor de crecimiento económico, sino también un pilar de desarrollo social sostenible y equitativo.

M.C. MARIBEL GUERRERO LUIS

Capítulo 1

El papel de las telecomunicaciones en la transformación digital de las IES en México

DR. CARLOS ALBERTO FLORES SÁNCHEZ
carlos.flores@uabc.edu.mx

M.C. JOSUE MIGUEL FLORES PARRA
josue.miguel.flores.parra@uabc.edu.mx

DRA. NORA DEL CARMEN OSUNA MILLÁN
nora.osuna@uabc.edu.mx

DR. JUAN ANTONIO MEZA FREGOSO
juanmezaf@uabc.edu.mx

Facultad de contaduría y administración,
Universidad Autónoma del Estado de Baja California

RESUMEN: Las telecomunicaciones, hoy en día, juegan un papel fundamental en el desarrollo de las actividades económicas, la crisis de salud por COVID-19 ha dejado claro esto. En primer lugar, lo vemos en el desarrollo del comercio digital, el entretenimiento y el teletrabajo. La Transformación digital (TD) es vista como la aplicación de Tecnologías Digitales para modificar o crear nuevas experiencias del cliente o modelos de negocio. Las Tecnologías Digitales son comúnmente aceptadas las tecnologías SMACIT (Social, Mobile, Analytics, Cloud e IoT). Hoy en día muchas Instituciones de Educación Superior (IES) han migrado, o iniciado un proceso, hacia la nube, lo cual elimina la adquisición de dispositivos físicos (hardware), además de iniciar un proceso hacia el uso de la Inteligencia Artificial y el Internet de las Cosas, e impulsar la ciberseguridad. El papel de las telecomunicaciones y los retos que enfrentan las IES, en cuanto a su uso, hacen ver una gran oportunidad de desarrollo y crecimiento de este sector. Lo cual tendrá un efecto positivo en la educación mexicana, pues las telecomunicaciones son un impulsor de la digitalización de las IES lo cual es un paso hacia la Transformación digital. El objetivo de este estudio es identificar las tendencias de la TD en IES en México que ayuden a determinar los factores que hacen que las telecomunicaciones sean un habilitador de la TD de las IES en México.

Palabras clave: Telecomunicaciones, Transformación Digital, Instituciones de Educación Superior

The role of telecommunications in the digital transformation of Higher Education Institutions in Mexico

ABSTRACT: Telecommunications today play a fundamental role in the development of economic activities, something the COVID-19 health crisis has made clear. First, we see it in the development of digital commerce, entertainment, and remote work. Digital Transformation (DT) is viewed as the application of Digital Technologies to modify or create new customer experiences or business models. Digital Technologies are commonly understood as SMACIT technologies (Social, Mobile, Analytics, Cloud, and IoT). Nowadays, many Higher Education Institutions (HEIs) have migrated, or have begun the process of migrating, to the cloud, which eliminates the need for acquiring physical devices (hardware). This shift also includes the adoption of Artificial Intelligence and the Internet of Things, as well as the strengthening of cybersecurity. The role of telecommunications and the challenges faced by HEIs in terms of their use reveal a great opportunity for the development and growth of this sector. This will have a positive effect on Mexican education, as telecommunications are a driver of HEIs' digitalization, which is a step toward Digital Transformation. The objective of this study is to identify trends in DT within Mexican HEIs that can help determine the factors making telecommunications an enabler of DT in these institutions.

Keywords: Telecommunications, Digital Transformation, Higher Education Institutions

INTRODUCCIÓN

El año 2020 marcó el inicio de la aceleración de procesos hacia la digitalización en las Instituciones de Educación Superior (IES), principalmente por la pandemia ocasionada por COVID-19. Muchos proyectos de digitalización de procesos se aceleraron y se volvieron prioritarios para poder continuar con los procesos operativos, administrativos y de enseñanza-aprendizaje. Esto indirectamente ha permitido mejorar, en algunos aspectos, la experiencia de los clientes finales (estudiantes principalmente), sino en todos los aspectos, si en algunos, por ejemplo: repositorios de contenido organizados o creados por los docentes, trámites administrativos realizados a distancia, un aumento de la comunicación por medio de redes sociales u otras aplicaciones de comunicación, no solo alumno-docente, alumno-alumno, sino también de alumnos y docentes con la institución (parte administrativa y operativa).

Esta digitalización de procesos es un paso hacia la Transformación Digital (TD). La TD implica mejoras en lo relacionado con los clientes (estudiantes), es una cultura de pensar colectivamente dentro de las IES que cataliza el uso de las tecnologías digitales. Por ejemplo, el uso de herramientas de colaboración en la nube, que fueron indispensables en la educación en este tiempo del 2020 a la actualidad, y que lo más seguro es que lo sigan siendo. Dichas herramientas se manifestaron en los salones de clase de las IES, no solo a través de la conectividad sino también ofreciendo acceso a herramientas de comunicación a distancia síncrona y asincrónica. Así mismo, a través de la nube se tiene acceso a nuevas herramientas en línea, por ejemplo, para procesar grandes cantidades de datos, disponer de información desde cualquier lugar y con prácticamente cualquier dispositivo, de forma segura y confiable.

TELECOMUNICACIONES

Las telecomunicaciones han experimentado grandes cambios en años recientes, estos dados por los avances en la electrónica. Dichos cambios se han reflejado en el desarrollo de aplicaciones y servicios que han facilitado muchas actividades cotidianas, es decir en innovaciones radicales en la manera de comunicarse e interactuar de las personas que al final lleva a un aumento de bienestar. Por otro lado, dichas innovaciones, más las tecnologías digitales, están permeando al espacio de conectar no solo personas, sino también cosas.

Si bien es verdad que algunos sectores productivos han estado reacios a la digitalización, la pandemia por COVID-19 llevo al aislamiento para reducir contagios, esto llevó a disminuir los traslados, evitar reuniones presenciales, escuelas y comercios no prioritarios cerrados, esto llevo a la digitalización de los procesos de muchos sectores. Con esto se descubrió que lo que tanto se decía sobre una mejor calidad de vida gracias a la tecnología si era posible, al mismo tiempo dicha digitalización ha modificado a las actividades económicas y la forma de crear valor, y todavía faltan otras tantas.

Para seguir en este proceso de digitalización, necesario en la educación, las telecomunicaciones deben seguir expandiendo las redes, que por otro lado, enfrenta retos como una economía retraída, con créditos con altos intereses, costos de operación altos, la necesidad de ampliaciones y cambio tecnológico y con precios al cliente final a la baja. Estos retos serán difíciles de superar para la industria por sí misma, sino que necesita del apoyo del gobierno para lograr las inversiones necesarias para que la digitalización continúe.

No se trata de voltear al pasado, sino aportar al futuro donde convergen las tecnologías digitales y las de telecomunicaciones, convirtiéndose en una herramienta que cataliza la transformación digital de las IES mexicanas necesaria para lograr un avance cualitativo e igualar o superar las brechas con otras IES de países desarrollados.

TRANSFORMACIÓN DIGITAL (TD) EL CONCEPTO Y MARCO DE REFERENCIA

La TD nace como un área de investigación de los Sistemas de Información Estratégicos (SIE) (Bharadwaj, El Sawy, Pavlou & Venkatraman, 2013). La TD vista a nivel macro engloba cambios que se llevan a cabo en la sociedad y las industrias por el uso de tecnologías digitales (Majchrzak, Markus & Wareham, 2016). Por otro lado, desde un punto de vista micro-económico se refiere a las formas que las organizaciones buscan para innovar con el uso de las tecnologías digitales ideando estrategias que adoptan la TD y que llevan a un mejor desempeño operacional (Hess, Matt, Benlian & Wiesböck, 2016).

Investigaciones recientes han contribuido al entendimiento del fenómeno de la TD. Uno de los principales hallazgos en la investigación de las Tecnologías de Información y Comunicación (TIC) como habilitadoras de la TD, es que las tecnologías solo son una de las variables a manipular para mantener a las organizaciones competitivas en el mundo digital. Otras variables serían la estrategia (Matt et al., 2015) la cual lleva a cambios en la organización, cambios en la estructura (Selander y Jarvenpaa, 2016), en procesos (Carlo et al., 2012), y en la cultura organizacional (Karimi y Walter, 2015). Dichos cambios son requeridos para producir o aumentar la capacidad de generar nuevas formas de creación de valor (Svahn et al., 2017a). A pesar de estas nuevas contribuciones a la literatura de la TD, falta comprensión de este fenómeno y sus implicaciones en múltiples niveles de análisis (Kane, 2017).

La TD vista como un proceso que busca mejorar a la organización, desencadenando cambios significativos es sus propiedades y características, a través de la combinación de información, cómputo, y tecnologías de conectividad. Como marco de referencia sobre el modelo de TD se utiliza el trabajo de Vial (2021), donde construye la definición de TD como un proceso que tiene como objetivo la mejora de una entidad activando cambios significativos a sus propiedades a través de la combinación de información, cómputo, comunicación y tecnologías de conectividad. De esta definición se tienen tres observaciones importantes. La primera es que no está centrada en la organización, sino que incluye los contextos de un individuo o una sociedad, además de la organización. La segunda observación es que la definición reconoce a la mejora como un resultado esperado de la TD, sin garantizar la obtención de esta. Y por último, la definición no incluye el término tecnologías digitales.

El marco de referencia resultado de la definición anterior, está conformado por ocho etapas, donde las 1) tecnologías digitales juegan un papel central en la 2) creación de innovaciones disruptivas que toman lugar en una sociedad o a nivel industria. Dichas disrupciones impulsan 3) respuestas estrategias por parte de las organizaciones. Las organizaciones utilizan las tecnologías digitales para 4) alterar las rutas de creación de valor que previamente habían desarrollado, como una forma de mantenerse competitivos. Para lograrlo, se deben implementar 5) cambios estructurales y sobrepasar las 6) barreras que impiden lograr la TD. Estos cambios llevan a 7) efectos positivos para la organización al igual que para los individuos y sociedad, pero al mismo tiempo 8) impactos negativos en la seguridad y privacidad de la información.

A continuación, se describen las ocho etapas que forman el marco de referencia de la TD (Figura 1). 1) Las Tecnologías Digitales en el marco de referencia de la TD, primeramente, las tecnologías digitales a las cuales hace son las que se identifican con el acrónimo SMACIT propuesto por (Sebastian et al., 2017), se refiere a las tecnologías Sociales, Móviles, de Analítica de datos, Cloud (nube), e IoT (Internet de las Cosas). Otros elementos de las Tecnologías Digitales que se encuentran son las plataformas, Internet, software, y Blockchain. También se identifica que en el marco de la TD algunas Tecnologías Digitales son resultado de la combinación de Tecnologías de Información, por ejemplo Big data sería la mezcla de algoritmos para la toma de decisión con la capacidad de obtener información de los dispositivos móviles de los individuos.

Figura 1. Marco de referencia de la transformación digital

Uso de tecnologías digitales
-Social
-Mobile
-Analytics
-IoT
-Cloud

Disrupciones
-Comportamiento del consumidor
-Expectativas
-Panorama competitivo
-Disponibilidad de datos

Respuesta estratégica
-Estrategia de negocio digital
-Estrategia de transformación digital

Cambios estructurales
-Estructura organizacional
-Cultura organizacional
-Liderazgo
-Roles de empleados y habilidades

Alertas
-Seguridad
-Privacidad

Afecta

Respuesta estratégica
-Estrategia de negocio digital
-Estrategia de transformación digital

Uso de tecnologías digitales
-Social
-Mobile
-Analytics
-IoT
-Cloud

Cambios en la forma de crear valor
-Propuestas de valor
-Redes de valor
-Canales digitales
-Agilidad y ambidestreza

Beneficios
-Eficiencia operacional
-Desempeño organizacional
-Mejoras en la industria y la sociedad

Afecta

Barreras organizacionales
-Inercia
-Resistencia

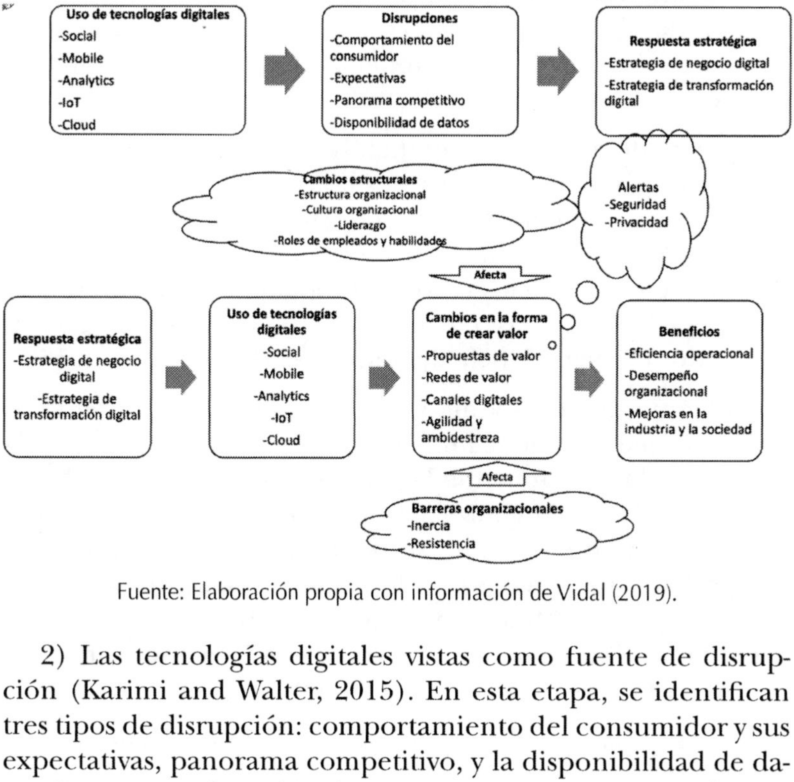

Fuente: Elaboración propia con información de Vidal (2019).

2) Las tecnologías digitales vistas como fuente de disrupción (Karimi and Walter, 2015). En esta etapa, se identifican tres tipos de disrupción: comportamiento del consumidor y sus expectativas, panorama competitivo, y la disponibilidad de datos. En cuanto al cambio de comportamiento del consumidor y sus expectativas, las tecnologías digitales tienen impacto en la ubicuidad que habilitan a los consumidores (Yoo et al., 2010),

es decir el acceso a información de prácticamente cualquier parte, y las capacidades en uso de medios de comunicación como redes sociales en diferentes dispositivos móviles.

Usando estas tecnologías, los consumidores se vuelven participantes activos en un diálogo entre la organización y sus grupos de interés (Yeow et al., 2017). Una implicación importante de estos cambios es que los clientes no se ven más como cautivos de la empresa con la que realizan transacciones (Sia et al., 2016) y sus expectativas respecto a los servicios que les ofrecen aumenta, esto implica un cambio en el pensamiento del emprendedor pues ahora como una estrategia importante de la organización se busca anticipar a las expectativas de los clientes, en lugar de responder a dichas expectativas.

Cambio del panorama competitivo, las tecnologías digitales traen disrupción en los mercados donde las empresas operan. Facilitan la combinación de productos y servicios existentes para generar nuevas formas de ofertas digitales. De esta forma se favorecen los servicios sobre los productos, se disminuyen las barreras de entrada, así como la sostenibilidad de las ventajas competitivas de las principales empresas (Kahre et al., 2017).

Aumento de la disponibilidad de datos. Además del valor operativo que se obtiene inmediatamente de las tecnologías digitales, también se fomenta la generación de datos. En el contexto de la TD, las organizaciones se esfuerzan por explotar el potencial de los datos para su beneficio, o en algunos casos, vender los datos a terceros. Mediante el análisis de datos las empresas pueden ofrecer servicios que respondan a las necesidades de los clientes o a realizar procesos de manera eficiente para lograr ventajas competitivas (Günther et al., 2017).

3) Respuestas estratégicas a la disrupción digital como resultado de los cambios disruptivos originados por las tecnologías digitales. Las organizaciones idean nuevas formas de seguir siendo competitivas, como consecuencia de que estas tecnologías ofrecen tanto oportunidades como amenazas (Sebastian

et al., 2017). Aunque en la literatura es común encontrar a la TD como un fenómeno endógeno donde las iniciativas de TD se originan para responder a las oportunidades que ofrecen las tecnologías digitales. También se puede encontrar literatura que ve la TD como respuesta a amenazas exógenas para la organización. La respuesta a ambas posturas es comúnmente llamada estrategia, sin embargo, se ha encontrado dos conceptos que surgen en el contexto de la TD: la estrategia comercial digital y la estrategia de transformación digital (Vial, 2021).

Bharadwaj et al. (2013) plantean que las tecnologías digitales requieren de investigaciones enfocadas en la integración entre la estrategia organizacional y la estrategia de sistemas de información, como lo proponen Kahre et al. (2017), en lugar de buscar simplemente su alineación. Su argumento radica en que la competencia actual entre organizaciones depende del uso eficaz de las tecnologías digitales para alcanzar la visión de la empresa, y la separación de estas estrategias puede reducir las sinergias potenciales. A partir de esta premisa, introducen el concepto de Estrategia Comercial Digital (ECD), que se define como la estrategia organizacional diseñada y ejecutada a través del aprovechamiento de los recursos digitales con el fin de generar un valor diferencial. Este concepto también ha sido reconocido como emergente en otros trabajos, como el de Yeow et al. (2017).

También se encuentran documentos de investigación y de práctica sobre la ECD por ejemplo, (Holotiuk y Beimborn, 2017) realizaron un estudio donde una organización incorpora un modelo B2C en su modelo existente B2B y encontraron que los problemas que se derivan de la desalineación entre los recursos existentes de una organización y su estrategia comercial digital emergente se subsanan con un proceso de alineación constante. Esto coincide con (Kane, 2017) donde ve la TD como una estrategia, y no como un proyecto, como el caso de (Gray et al., 2013). Matt et al., 2015) proponen el concepto de Estrategia de Transformación Digital (ETD) para enfocarse en la transformación de productos, procesos y aspectos organizacionales dadas las nuevas tecnologías. Dichos actores sostienen que, a diferencia de la Estrategia Comercial Digital (ECD), que se centra en los estados futuros, la ETD es un plan que ayuda a las empresas a gobernar las transformaciones que surgen debido a la integración de las tecnologías digitales, así como en sus operaciones después de una transformación. Ven la ETD como algo separado de las estrategias de TI y todas las demás estrategias organizacionales funcionales, mientras que los cambios estructurales, definidos como variaciones en la configuración organizacional de una empresa, deben planificarse cuidadosamente para aprovechar las tecnologías digitales, en beneficio de la organización sin olvidar las limitantes financieras.

4) Las Tecnologías Digitales en las nuevas formas de creación de valor. Las tecnologías digitales, por sí solas, ofrecen poco valor a la organización. Es en su uso en un contexto específico lo que habilita a la organización a descubrir nuevas formas de creación de valor, esto es consistente con la idea de que el cambio organizacional es un fenómeno emergente (Markus and Robey, 1988). La Transformación del proceso de creación de valor, en la literatura enfatiza la alteración y redefinición de modelos de negocios en el contexto de la TD (Morakanyane et al., 2017). Entre estos cambios se identifican cuatro principales: a) proposición de valor, 2) redes de valor, 3) canales digitales, 4) habilitan agilidad y omnicanal.

Proposición de valor se refiere a que las tecnologías digitales habilitan la creación de nuevas proposiciones de valor que dependen de la provisión de servicios (Barrett et al., 2015). Las organizaciones usan tecnologías digitales para pasar o aumentar de la venta física de productos con ventas de servicios como una parte integral de su propuesta de valor que satisface las necesidades de clientes ofreciéndoles soluciones innovadoras así como la obtención de datos a partir de la interacción con sus productos y servicios (Wulf et al., 2017). En general, la literatura remarca el potencial de las tecnologías digitales para generar innovaciones disruptivas que modifican significativamente las propuestas de valor existentes. Las redes de valor también son redefinidas por las tecnologías digitales (Delmond et al., 2017). Andal-Ancion et al., (2003) argumentan que una organización puede usar tecnologías digitales para implementar una de las tres principales estrategias para la mediación en la cadena de valor.

En una estrategia de desintermediación, las tecnologías digitales sobrepasan intermediarios y habilitan intercambios directos entre participantes de la red de valor. En una estrategia de remediación, las parejas entre participantes de la red de valor son reforzadas por las tecnologías digitales que habilitan una colaboración cercana, así como la coordinación entre los participantes. En una mediación basada en red, las relaciones complejas entre múltiples grupos de interés con potencial de competir en intereses son creadas para beneficio de los clientes Las tecnologías digitales también han concedido a los clientes de habilidades para convertirse en cocreadores de valor (prosumers) dentro de una red de valor (Andal-Ancion et al., 2003).

Canales digitales, se cuenta con evidencia de que las organizaciones usan tecnologías digitales para implementar cambios en sus canales de distribución y ventas. Esto puede darse de dos formas. Primero, las organizaciones pueden crear un nuevo canal orientado al cliente, para alcanzar y mantener un diálogo con los consumidores (Hansen and Sia, 2015). Segundo, el surgimiento de un algoritmo de toma de decisiones ofrecido por las tecnologías digitales (Günther et al., 2017) provee una oportunidad para la organización para permitir al software coordinarse con actividades a través de la organización. Aunque el desarrollo del IoT está iniciando si se compara con otras tecnologías digitales (como redes sociales), se espera que los desarrollos de productos inteligentes, bienes digitales y el surgimiento de mejoras en productos OTA (por sus siglas en inglés Over The Air, que significa transmisión inalámbrica, haciendo mención a las mejoras en la conectividad de dispositivos móviles y fijos) generará más interés en este tema.

Las tecnologías digitales pueden ayudar a las organizaciones a adaptarse rápidamente a los cambios en las condiciones ambientales al contribuir a la agilidad organizacional, definida como la capacidad de una organización para detectar oportunidades de innovación y aprovechar esas oportunidades competitivas del mercado reuniendo los activos, conocimientos y relaciones necesarios con rapidez (Huang et al. 2017). La analítica de datos y el IoT se pueden explotar para optimizar los procesos comerciales existentes y reducir los recursos inactivos (Du et al. 2016). En otros casos, estas tecnologías se pueden implementar para brindar información sobre oportunidades de mercado sin explotar o para aumentar la proximidad al cliente (Hansen y Sia 2015).

Por ejemplo, una organización puede ofrecer servicios de mantenimiento innovadores basados en el análisis de datos generados por sensores integrados en sus productos. La literatura también muestra la capacidad de las organizaciones para usar tecnologías digitales para lograr ser omnicanal, también conocida como bimodalidad en la literatura (Haffke et al. 2017) y combinar con éxito la exploración de la innovación digital con la explotación de los recursos existentes (Svahn et al. 2017). Por ejemplo, en el estudio de Sebastian et al. (2017), encontraron que lo omnicanal se basa en la capacidad de una organización para mantener tanto una columna vertebral operativa como una plataforma de servicios digitales.

5) Cambios estructurales para el cambio en el proceso de creación de valor. Como cualquier otra iniciativa que tiene el potencial de alterar profundamente la estructura de una organización, la TD está asociada con una serie de cambios estructurales importantes. Entre estos esta la estructura organizacional, la cultura organizacional, el liderazgo y los roles y habilidades de los empleados.

En cuanto a la estructura organizacional, de acuerdo con la idea de que la agilidad y lo omnicanal son capacidades necesarias para competir en un mundo digital, la literatura destaca la colaboración multifuncional como un elemento importante de la TD (Earley 2014; Maedche 2016). Si bien la idea de fomentar la colaboración entre las unidades de negocio y romper los status quo funcionales, no es nueva en la investigación de Sistemas de Información, la literatura sobre TD destaca la realidad de que, aún se debe cruzar un abismo importante para que surjan estas formas de colaboración y se desarrollen, así como para fusionar la estrategia organizativa con la de Sistemas de Información (Svahn et al. 2017a). Una forma de lograr este objetivo es a través de la creación de una unidad separada que mantenga un grado de independencia del resto de la organización (Maedche, 2016). Con esta estructura, se otorga a la unidad un relativo grado de flexibilidad propicio para la innovación manteniendo el acceso a los recursos existentes. Otra forma es crear equipos multifuncionales que permanezcan dentro de la organización actual (Svahn et al., 2017).

El cambio de la cultura organizacional también es impulsado por la TD y requiere que la cultura de la organización cambie (Hartl y Hess, 2017). En las organizaciones establecidas, por ejemplo, existe evidencia de que la separación tradicional entre las funciones de TI y de negocios está tan clara y operacionalizada en la estructura de la organización que se convierten en parte de los valores de la organización (Haffke et al. 2017). Karimi y Walter (2015) encontraron que la capacidad de una organización para desarrollar las capacidades requeridas para modificar su propuesta de valor utilizando plataformas digitales se basa en una combinación de variables que incluyen valores, que comprenden una cultura innovadora, un lenguaje común y una mentalidad multimedia. Por lo tanto, una pregunta que surge de estos hallazgos se relaciona con la comprensión de cómo es una cultura digital. Un tema común entre los estudios apunta a la necesidad de que las empresas cultiven la voluntad de asumir riesgos y experimentar (Fehér et al., 2017) con tecnologías digitales a pequeña escala antes de escalar estos experimentos exitosos al resto de la organización. Este tema destaca la necesidad de alinear las acciones con los principios de agilidad inspirados en las prácticas de desarrollo de software. Al hacerlo, las empresas pueden fomentar el aprendizaje a través de cambios pequeños, incrementales e iterativos, al mismo tiempo que mantienen su capacidad para adaptar los planes a largo plazo en función de los resultados de dichos experimentos, así como de los cambios continuos en su entorno (Jöhnk et al. 2017).

El liderazgo en el contexto de TD, los líderes organizacionales deben trabajar para garantizar que sus organizaciones desarrollen una mentalidad digital mientras sean capaces de responder a las disrupciones asociadas con el uso de tecnologías digitales (Benlian y Haffke 2016). Para ello, la literatura destaca la creación de nuevos roles de liderazgo (Haffke et al. 2016; Horlacher et al. 2016). Por ejemplo, la creación de un puesto de director digital (CDO por sus siglas en inglés, Chief Digital Officer) señala la naturaleza estratégica de TD para toda la organización. Los CDO tienen la tarea de garantizar que las tecnologías digitales se aprovechen adecuadamente y se alineen con los objetivos de la organización (Horlacher et al. 2016; Singh y Hess 2017). Ayudan a implementar la estrategia comercial digital en una serie de acciones concretas que influyen en la lógica organizativa de una organización y fomentan la colaboración entre las funciones comerciales y de TI. En algunos casos, la posición de CDO también se considera una función importante pero temporal (Singh y Hess 2017), lo que sugiere que puede haber un estado final para la TD consistente con la noción de estrategia de transformación digital (Matt et al., 2015).

Cambios en los roles y habilidades de los empleados en el contexto de TD, los cambios tanto en la estructura como en la cultura de una organización llevan a los empleados a asumir roles que tradicionalmente estaban fuera de sus funciones. Específicamente, la literatura destaca la idea de que la TD fomenta situaciones en las que los empleados que no forman parte de la función de TI toman la delantera en tareas de proyectos intensivos en tecnología (Yeow et al. 2017).

Por el contrario, se espera que los miembros del área de TI se conviertan en participantes activos y expertos en negocios en la realización de esos proyectos. A medida que las tecnologías digitales permiten nuevas formas de automatización y procesos de toma de decisiones, las preguntas sobre la necesidad de desarrollar las habilidades de los trabajadores existentes (Hess et al. 2016), así como las habilidades requeridas para los futuros trabajadores que formarán la fuerza laboral digital (Colbert et al. 2016) también son cada vez más relevantes. Lejos de eliminar la necesidad de que las organizaciones dependan del capital humano, la TD requiere que los empleados dependan más de sus habilidades analíticas para resolver problemas comerciales cada vez más complejos, el acompañar a los empleados a través de esta transición plantea desafíos importantes que se extienden más allá el dominio de los recursos humanos (Karimi y Walter 2015; Singh y Hess 2017).

Las barreras para lograr el cambio en la creación de valor son la inercia y la resistencia al cambio, que se manifiestan en la literatura sobre la transformación organizacional. Una de las barreras más importantes para lograr la TD es la inercia. La inercia es relevante donde los recursos y capacidades existentes pueden actuar como barreras a la disrupción (Svahn et al. 2017), destacando la relevancia de la dependencia de la ruta organizacional como fuerza limitante para la innovación a través de tecnologías digitales. Por ejemplo, las organizaciones establecidas están profundamente arraigadas en las relaciones existentes con clientes y proveedores, tienen procesos de producción bien establecidos que están altamente optimizados, pero a menudo son rígidos y dependen de recursos que no se pueden reconfigurar fácilmente (Andriole 2017).

Estos problemas se han identificado tanto en la literatura de investigación como en la de los profesionales. Por ejemplo, el caso de Kodak (Lucas Jr y Goh 2009) ilustra cómo las capacidades centrales de una organización pueden convertirse en rigideces centrales que impiden la innovación radical que brindan las tecnologías digitales (en este caso, la fotografía digital). Töytari et al. (2017) encontraron que la cultura organizacional, la identidad y la legitimidad forman fuertes barreras institucionales que dificultan el desarrollo de servicios inteligentes. En todos esos casos, el problema no es que la alta dirección de la organización no considere las tecnologías digitales como potencialmente beneficiosas para la organización. Más bien, los componentes estructurales de la organización, tanto tangibles (p. ej., medios de producción) como intangibles (p. ej., cultura organizacional), están tan integrados en las prácticas cotidianas que reprimen el poder innovador y disruptivo de las tecnologías digitales (Töytäri et al. 2017).

Otra barrera para la TD es la resistencia que los empleados pueden demostrar cuando se introducen tecnologías disruptivas en la organización (Lucas Jr y Goh, 2009; Singh y Hess 2017). El tema de la resistencia plantea preguntas importantes con respecto a las formas y el ritmo al que se introducen las tecnologías en una organización y la literatura destaca el concepto fatiga de la innovación (Fitzgerald et al., 2014) como una de las causas de la resistencia. Singh y Hess (2017) encontraron que la posición de CDO se puede aprovechar para garantizar que las tecnologías digitales se utilicen de una manera que sea consistente con la cultura organizacional a la que los empleados están acostumbrados y favorezca su aceptación. Por el contrario, Schmid et al. (2017) argumentaron que la resistencia es producto de la inercia arraigada en el trabajo cotidiano que no puede abordarse simplemente alterando el comportamiento de los empleados. Más bien, requiere que los procesos se modifiquen para permitir la flexibilidad frente al cambio. Svahn et al. (2017) muestran que la resistencia también puede explicarse por la falta de visibilidad de los beneficios potenciales de las tecnologías digitales. Descubrieron que los talleres que involucran a actores organizacionales que se verán afectados por la TD ayudan a prevenir la resistencia y mejorar la colaboración.

Evaluación de los efectos de la TD, se ha argumentado que la TD tiene el potencial de tener efectos de gran alcance, incluso a nivel de la sociedad, por ejemplo, en el bienestar de la sociedad (Agarwal et al. 2010; Majchrzak et al. 2016). Sin embargo, encontramos que esos impactos se evalúan principalmente a nivel de la organización, en la eficiencia y desempeño operacional.

Eficiencia operacional, si bien las tecnologías digitales tienen el potencial de transformar una organización, se destacan la eficiencia operativa, que incluye la automatización (Andriole 2017), la mejora de los procesos comerciales (Gust et al. 2017), así como el ahorro de costos (Pagani 2013), como beneficios de la TD. Por ejemplo, la computación en la nube proporciona recursos elásticos bajo demanda que no necesitan ser provisionados, administrados y mantenidos por el personal de TI. Se espera que el big data y el análisis aceleren el proceso de toma de decisiones (Bharadwaj et al. 2013), lo que permite un tiempo de respuesta más rápido mientras que los productos y servicios inteligentes, a través de la incorporación de inteligencia artificial que aprovecha (grandes) datos, pueden permitir procesos automatizados y algorítmicos. toma de decisiones (Loebbecke y Picot 2015).

La TD también se relaciona con el desempeño organizacional, es decir, con aumentos en varias dimensiones del desempeño organizacional, incluida la innovación (Svahn et al. 2017a), desempeño financiero (Karimi y Walter 2015), crecimiento empresarial (Tumbas et al. 2015), reputación, así como la ventaja competitiva (Neumeier et al. 2017). Por ejemplo, bajo el modelo freemium, una empresa puede usar comunidades en línea para aumentar el sentido de pertenencia de los usuarios y motivarlos a comprar cuentas premium. En el contexto de organizaciones emprendedoras donde la tasa de crecimiento no es lineal, Tumbas et al. (2015) encontraron que las organizaciones exitosas colocan una fachada digital para permitir la conectividad con los clientes y socios comerciales y luego usan esta fachada como un instrumento para fomentar las relaciones con otros clientes y proveedores.

Este y otros ejemplos (por ejemplo, Setia et al. 2013) muestran cómo las tecnologías digitales pueden, a través de un mayor compromiso y participación de los clientes, fomentar mayores utilidades para las organizaciones. A nivel conceptual, se ha propuesto que las tecnologías digitales pueden respaldar la capacidad de una organización para detectar la complejidad de su entorno con el fin de diseñar una respuesta que ayude a maximizar sus posibilidades de supervivencia a través de la adaptación o la redefinición de sus actividades centrales (Tanriverdi y Lim 2017).

Los efectos no deseados, a pesar de los resultados positivos expuestos, la literatura también reflexiona sobre posibles problemas asociados con el uso generalizado de las tecnologías digitales, principalmente en el ámbito de la seguridad y la privacidad de la información. Por ejemplo, Newell y Marabelli (2015) argumentan que la toma de decisiones algorítmica, a pesar de todos sus beneficios potenciales, también conlleva riesgos significativos para las personas y la sociedad en general y que la seguridad, la privacidad y la protección deben seguir siendo áreas importantes de consideración para investigadores y organismos gubernamentales. Piccinini et al. (2015b) encontraron que la seguridad y la privacidad de los datos también eran cuestiones importantes. No se cuenta con trabajos que abordan la pregunta de ¿cómo la seguridad y la privacidad pueden convertirse de un problema potencial a una fuente de impactos positivos para una organización como tal, así como para la sociedad?. Más bien, el enfoque actual está puesto en reconocer estos problemas y sus ramificaciones para las organizaciones, la sociedad y los individuos (Newell y Marabelli, 2015).

CUARTA REVOLUCIÓN INDUSTRIAL Y TELECOMUNICACIONES

El aumento de la disponibilidad de tecnologías digitales como la telefonía móvil, la inteligencia artificial, la nube, la analítica y las plataformas está modificando la forma en que vivimos, trabajamos e interactuamos, ha esto se le llama la Cuarta Revolución Industrial. La industria de las telecomunicaciones está jugando un papel fundamental para permitir la revolución digital que se desarrolla en las IES.

El ecosistema de las telecomunicaciones ha proporcionado los componentes de acceso, interconectividad y aplicaciones, que permiten la revolución digital. Una gran parte del valor potencial derivado de la digitalización en las industrias globales de la próxima década depende de que la industria de las telecomunicaciones desarrolle una mejor infraestructura y aplicaciones, además de lograr una mejor productividad.

INSTITUCIONES DE EDUCACIÓN SUPERIOR

La Educación Superior es vista como un medio de progreso personal y social que ha mostrado casos de éxito en todo el mundo. Para 2007 había un total de 150 millones de estudiantes universitarios matriculados. En poco tiempo, para 2011 ya eran 182 Millones de estudiantes y se estima que para 2025 estemos llegando a un número de 262 millones de estudiantes universitarios. Bajo ese contexto, la Educación Superior se convierte en un mercado global en el que la demanda ha superado la oferta. Las universidades compiten por obtener los mejores alumnos, profesores y puestos en los rankings internacionales para atraer más estudiantes o para que los estudiantes locales no se desplacen a otras universidades (Almaraz, 2016).

La educación superior ha demostrado su capacidad para perdurar y adaptarse a lo largo de los siglos, contribuyendo al cambio y al progreso social. Dado el ritmo y la magnitud de las transformaciones actuales, la sociedad tiende a basarse en el conocimiento, lo que hace que la educación superior y la investigación sean pilares esenciales para el desarrollo cultural, socioeconómico y ecológicamente sostenible de las personas, comunidades y naciones. En este contexto, resulta fundamental considerar los Objetivos de Desarrollo Sostenible (ODS) aprobados en 2015. El ODS 4, que se refiere a la educación, establece como objetivo para 2030 garantizar el acceso equitativo a una educación técnica, profesional y superior de calidad para hombres y mujeres, incluyendo la educación universitaria (UNESCO, s/f).

Por otro lado, es también un elemento fundamental para alcanzar otros objetivos de la ODS: fin de la pobreza; salud y bienestar; igualdad de género; trabajo decente y crecimiento económico; producción y consumo responsables; acción por el clima; y paz, justicia e instituciones sólidas. La UNESCO define a la Educación Superior como todo tipo de estudios, de formación o de formación para la investigación en el nivel postsecundario, impartidos por una universidad u otros establecimientos de enseñanza que estén acreditados por las autoridades competentes del Estado como centros de enseñanza superior (UNESCO, s/f). También, este concepto está compuesto por los niveles: Técnico superior universitario o profesional asociado, licenciatura, especialidad, maestría y doctorado, así como la educación normal en todas las especialidades (SEP, 2020).

Conformada en México por Universidades Públicas Federales, Universidades Públicas Autónomas Estatales, Universidades Públicas Estatales de Apoyo Solidario, Universidades para el bienestar, Universidades Interculturales, Universidades Tecnológicas, Universidades Politécnicas, Escuelas Normales, Unidades de la Universidad Pedagógica Nacional, Universidad Abierta y a distancia de México y Universidades particulares. El sistema de educación superior mexicano ha estado en constante evolución desde los años 50. Este sistema es muy amplio y ha tenido un crecimiento exponencial especialmente en las últimas décadas. Contando con un total de 4,135 instituciones, públicas y particulares con más de 6 mil 600 planteles en el país (SEP, 2020). Desde los años 60, se ha incrementado exponencialmente la matrícula en Educación Superior. Actualmente las y los jóvenes son más de 4.5 millones en licenciatura, 384,600 mil en posgrado a nivel nacional (SEP, 2020).

Como resultado del confinamiento por el COVID-19, la educación migró a espacios virtuales, síncronos y asíncronos, la Educación Superior no fue la excepción. Esta migración ha llevado a la reflexión sobre cuáles son los objetivos de las Instituciones de Educación Superior, donde en un primer acercamiento se puede ver que trabajan con el conocimiento, a través de su desarrollo, almacenaje y transferencia. Por otro lado, se pone de manifiesto que no son solo esas actividades, sino que otro cúmulo de sub-actividades relacionadas a esos tres primeros. Aunado al reto de lograr los objetivos institucionales, se encuentra el reto de una disminución de fondos públicos destinados a la educación superior, así como de nuevos modelos de negocio que pueden ser sustitutos de los servicios que ofrecen las IES.

En México existen grandes empresas vinculadas con IES que en conjunto han logrado desarrollar innovaciones de alta tecnología. Desafortunadamente no es la regla, pues existen muchas IES pequeñas y medianas que están limitadas por temas de equipamiento y la capacitación especializada. Es importante comentar que el equipamiento y la capacitación no garantizan la creación de nuevos conocimientos, procesos y prácticas dentro de las IES, así como la enseñanza que necesitan las diferentes comunidades.

Las IES también han focalizado sus esfuerzos ante la necesidad de innovar, de encontrar respuestas a los problemas complejos que se enfrenta en la educación superior. Entre estos retos están el lograr una educación superior pertinente y de calidad. Entonces se lleva a la reflexión sobre qué es lo que buscan las IES y como se sabe que se está ofreciendo una educación superior pertinente y de calidad. Así que un pensamiento se viene a la mente sobre cómo construir planes de mejora y cambio que permitan perfeccionar el quehacer de las IES (enseñanza, investigación, gestión y tutorías). Por otro lado, la reflexión sobre la pertinencia de prácticas educativas en el contexto de la pandemia mundial, pensando en el uso de tecnologías digitales y transformación organizacional para avanzar en el reto de cobertura y calidad de los servicios educativos.

Para Barnett (2017), el proceso de TD lleva a un enfoque de desarrollo de las IES, en la aplicación de tecnologías digitales, tal y como ocurre en otros sectores. Barnett define a la Universidad 4.0 como una Institución para los demás, que apoya a los estudiantes, enfocada en vincularse con el exterior, comprometida y conectada con el tejido productivo. Bajo la misma línea Pulido (2019) ve la Universidad 4.0 como una institución que busca cambios disruptivos tanto en la organización, como en la tecnología y la estrategia educativa-investigativa que de solución a los problemas de una sociedad que evoluciona.

La TD puede ser considerada un nuevo paradigma estratégico y la digitalización como una nueva forma de hacer las actividades, este enfoque esta teniendo un gran impacto en la forma que las IES llevan a cabo sus funciones y la forma en que se relacionan los miembros de la comunidad universitaria, así como con el resto de la sociedad (Juanes y Rodriguez, 2022)

LAS TELECOMUNICACIONES COMO FACILITADOR DE LA TRANSFORMACIÓN DIGITAL DE LAS IES

Bajo este escenario de TD de las IES se identifica que las telecomunicaciones tienen un papel relevante en la TD. Basándonos en la Figura 1 (donde se muestra el marco de referencia de la TD). Podemos observar que el uso de las tecnologías digitales se da gracias a las telecomunicaciones, pues estas son las habilitadoras de las redes sociales y de la movilidad de aplicaciones en dispositivos móviles. La analítica de datos surge como una parte de la gran cantidad de datos que se dan en las diferentes plataformas que asisten en el proceso de enseñanza-aprendizaje, y también por el tema de las redes sociales. El IoT también tiene una gran parte de su funcionamiento gracias a las telecomunicaciones, a la facilidad de transmisión/recepción inalámbrica y a las velocidades alcanzadas vía alámbrica. El uso de servicios de la nube ofrecía un gran abanico de servicios que las IES tenían acceso, y estos obviamente funcionan bajo una infraestructura de telecomunicaciones.

En cuanto a las disrupciones que se obtienen por el uso de las tecnologías digitales, tenemos que hoy en día, gracias a las telecomunicaciones se es capaz de conocer y predecir el comportamiento del consumidor, se pueden hacer pronósticos en base a las expectativas de los estudiantes. El panorama competitivo es incierto para la mayoría de las IES, pero al mismo tiempo se abrió un gran campo de oportunidad para lograr un mayor alcance de las IES, y todo gracias a las telecomunicaciones, a su crecimiento, los servicios que ofrece y las aplicaciones que fluyen sobre estas. En cuanto a la disponibilidad de datos, hoy somos capaces de contar con más información de los estudiantes gracias a el comportamiento que tienen en los diferentes puntos de contacto con la institución, hablando del mundo digital, pero también del mundo físico se genera una gran cantidad de datos gracias al IoT que también es habilitado por las telecomunicaciones.

La respuesta estratégica y las telecomunicaciones están relacionadas en cuanto al desempeño que se tiene de dicha respuesta, pues entre mejor sea la infraestructura de telecomunicaciones la experiencia del estudiante será mejor, además de habilitar a una mayor cantidad de servicios y aplicaciones.

En cuanto a los cambios en la forma de crear valor, las telecomunicaciones juegan un papel fundamental, pues las telecomunicaciones apoyan desde el proceso mismo de gestión, desarrollo y administración de proyectos. Es decir, las telecomunicaciones ayudan en la forma como se gestan nuevas propuestas de valor, en cómo se crean nuevas redes de valor y la utilización y optimización de canales digitales. Por otro lado, las telecomunicaciones apoyan a que las IES sean más ágiles en sus respuestas y ayudan a ingresar a nuevos canales que ayudan tanto a mejorar la comunicación como el proceso de enseñanza-aprendizaje.

Los cambios estructurales a los que se ven sometidas las IES para dar paso a los efectos de la transformación digital también son influenciados por las telecomunicaciones, pues las nuevas o modificadas estructuras y culturas organizacionales, así como el liderazgo se ven beneficiados por la utilización de diferentes canales de comunicación, que, si bien no se recomienda utilizar todos, si permite personalizar en base a los públicos que se quiera llegar. Por otro lado, los roles de empleados y habilidades también se ven influenciados por las telecomunicaciones, pues el teletrabajo y la educación a distancia vienen a modificar los roles y las habilidades de los empleados, quizás en un primer momento para el mismo uso de las tecnologías, pero que estos siguen en constante cambios. En cuanto a las barreras organizacionales como la inercia y la resistencia, al final se pueden ver disminuidas al contar con mecanismos de comunicación más eficientes y que estos también dependen de las telecomunicaciones.

Por último, los beneficios de la TD, por ejemplo, la eficiencia operacional, el desempeño organizacional, y las mejoras en la industria y la sociedad. Deben estar constantemente monitoreadas, en un primer momento como seguimiento de validar que se logran los resultados esperados por una estrategia de transformación digital, pero en un segundo momento este monitoreo genera indicadores que en el mediano plazo son origen de nuevos proyectos para la estrategia de TD, que permitan replantear nuevos escenarios, nuevos resultados, para esto es necesario hacer las cosas diferentes de tal forma que las tecnologías digitales tampoco dejan de evoluciones, cayendo en un círculo virtuoso.

CONCLUSIONES

Como se ha comentado el papel de las telecomunicaciones en la TD de las IES en México es importante, pues en primer lugar son un habilitador para el uso de las tecnologías digitales como las SMACIT. Por lo tanto, las IES deben visualizar como estratégico el desarrollo de infraestructura para las telecomunicaciones, ampliando el ancho de banda, la capacitación para su uso, y el acceso a dispositivos con acceso a las redes de telecomunicación. Por otro lado, contar con infraestructura que dé acceso a los servicios de las IES entre ellas bibliotecas, contenidos digitales, materiales de cursos, videoconferencias. En este aspecto podemos hablar de dos diferentes tipos de servicios, los servicios que ofrecen las IES y los servicios que se ofrecen (nuevos y modificados) por el uso de tecnologías digitales.

Los retos que se enfrentan son el desarrollo del sector telecomunicaciones, pues este requiere de grandes inversiones para su desarrollo y en un contexto de una economía contraída, como efecto del COVID-19, ante el confinamiento, así como una reducción de los márgenes de utilidad, debe encontrar nuevas formas de desarrollarse la industria. De ahí que es imperante conocer la relevancia de las telecomunicaciones en la TD de las IES, para lograr sumar a diferentes actores que ayuden al desarrollo del sector.

Desafortunadamente nos quedan más preguntas que respuestas, pues en la TD precisamente encontramos los cuestionamientos sobre ¿cuál es la razón de ser de las IES?. ¿Es el crear, almacenar y transmitir conocimientos? Si es esto como se hace actualmente, como se mide, como se organizan las IES, como es la estructura de las IES, que tan flexibles son las IES. Las telecomunicaciones juegan un papel importante en el desarrollo y gestión e implementación de proyectos, por ejemplo: habilitador de las tecnologías digitales, en el desarrollo de proyectos, en la gestión y administración de proyectos y en la evaluación de proyectos.

BIBLIOGRAFÍA

Agarwal, R., Johnson, S. L., & Lucas Jr, H. C. (2011). Leadership in the face of technological discontinuities: The transformation of Earthcolor. *Communications of the Association for Information Systems, 29*, 628-644.

Almaraz, F. (2016). Implicaciones del proceso de transformación digital en las instituciones de Educación Superior. El caso de la Universidad de Córdoba.

Andal-Ancion, A., Cartwright, P. A., & Yip, G. S. (2003). The digital transformation of traditional businesses. *MIT Sloan Management Review, 44*(4), 34-41.

Andriole, S. J. (2017). Five myths about digital transformation. *MIT Sloan Management Review, 58*(3), 20-22.

Barnett, R. (2017). *The ecological university: A feasible utopia.* Routledge.

Barrett, M., Davidson, E., Prabhu, J., & Vargo, S. L. (2015). Service innovation in the digital age: key contributions and future directions. *MIS Quarterly, 39*(1), 135-154.

Benlian, A., & Haffke, I. (2016). Does mutuality matter? Examining the bilateral nature and effects of CEO-CIO mutual understanding. *Journal of Strategic Information Systems, 25*(2), 104-126.

Bharadwaj, A., El Sawy, O., Pavlou, P., & Venkatraman, N. (2013). Digital business strategy: Toward a next generation of insights. *MIS Quarterly, 37*(2), 471-482.

Carlo, J. L., Lyytinen, K., & Boland Jr, R. J. (2012). Dialectics of collective minding: Contradictory appropriations of information technology in a high-risk project. *MIS Quarterly, 36*(4), 1081-1108.

Cerezo, P., Magro, C., & Salvatella, J. (2017). Sobre la transformación digital y su impacto socioeconómico. Rocasalvatella. https://rocasalvatella.com/app/uploads/2014/12/rstransf_digital_cast_3_0.pdf

Colbert, A., Yee, N., & George, G. (2016). The digital workforce and the workplace of the future. *Academy of Management Journal, 59*(3), 731-739.

Delmond, M.-H., Coelho, F., Keravel, A., & Mahl, R. (2017). How information systems enable digital transformation: A focus on business models and value co-production. *IUP Journal of Business Strategy, 14*(3), 7-40.

Du, W. Y., Pan, S. L., & Huang, J. S. (2016). How a latecomer company used IT to redeploy slack resources. *MIS Quarterly Executive, 15*(3), 195-213.

Earley, S. (2014). The digital transformation: Staying competitive. *IT Professional, 16*(2), 58-60.

Fehér, P., Szabó, Z., & Varga, K. (2017). Analysing digital transformation among Hungarian organizations. *Bled eConference, Bled,* Slovenia, 139-150.

Fitzgerald, M., Kruschwitz, N., Bonnet, D., & Welch, M. (2014). Embracing digital technology: A new strategic imperative. *MIT Sloan Management Review, 55*(2), 1-12.

Gray, P., El Sawy, O. A., Asper, G., & Thordarson, M. (2013). Realizing strategic value through center-edge digital transformation in consumer-centric industries. *MIS Quarterly Executive, 12*(1), 1-17.

Günther, W. A., Mehrizi, M. H. R., Huysman, M., & Feldberg, F. (2017). Debating big data: A literature review on realizing value from big data. *The Journal of Strategic Information Systems, 26*(3), 191-209.

Gust, G., Flath, C. M., Brandt, T., Ströhle, P., & Neumann, D. (2017). How a traditional company seeded new analytics capabilities. *MIS Quarterly Executive, 16*(3), 215-230.

Haffke, I., Kalgovas, B., & Benlian, A. (2017). The transformative role of bimodal IT in an era of digital business. *Hawaii International Conference on System Sciences,* Waikoloa Beach, HI, 5460-5469.

Haffke, I., Kalgovas, B. J., & Benlian, A. (2016). The role of the CIO and the CDO in an organization's digital transformation. *International Conference of Information Systems,* Dublin, Ireland.

Hansen, R., & Sia, S. K. (2015). Hummel's digital transformation toward omnichannel retailing: Key lessons learned. *MIS Quarterly Executive, 14*(2), 51-66.

Hartl, E., & Hess, T. (2017). The role of cultural values for digital transformation: Insights from a Delphi study. *Americas Conference of Information Systems,* Boston, MA.

Hess, T., Matt, C., Benlian, A., & Wiesboeck, F. (2016). Options for formulating a digital transformation strategy. *MIS Quarterly Executive, 15*(2), 123-139.

Holotiuk, F., & Beimborn, D. (2017). Critical success factors of digital business strategy. *Wirtschaftsinformatik Conference,* St. Gallen, Switzerland: AIS Electronic Library, 991-1005.

Horlacher, A., Klarner, P., & Hess, T. (2016). Crossing boundaries: Organization design parameters surrounding CDOs and their digital transformation activities. *Americas Conference of Information Systems,* San Diego, CA.

Huang, J., Henfridsson, O., Liu, M. J., & Newell, S. (2017). Growing on steroids: Rapidly scaling the user base of digital ventures through digital innovation. *MIS Quarterly, 41*(1).

Jöhnk, J., Röglinger, M., Thimmel, M., & Urbach, N. (2017). How to implement agile IT setups: A taxonomy of design options. *European Conference of Information Systems,* Guimaraes, Portugal, 1521-1535.

Juanes Giraud, B. Y., & Rodríguez Hernández, C. (2020). La formación dual. Elementos de análisis para implementación en una universidad ecuatoriana. *Revista Conrado, 16*(74), 354-363.

Kahre, C., Hoffmann, D., & Ahlemann, F. (2017). Beyond business-IT alignment-digital business strategies as a paradigmatic shift: A review and research agenda. *Hawaii International Conference on System Sciences,* Waikoloa Beach, HI, 4706-4715.

Kane, G. C. (2017). Digital maturity, not digital transformation. Retrieved September 1, 2017, from http://sloanreview.mit.edu/article/digital-maturity-not-digital-transformation/

Karimi, J., & Walter, Z. (2015). The role of dynamic capabilities in responding to digital disruption: A factor-based study of the newspaper industry. *Journal of Management Information Systems, 32*(1), 39-81.

Loebbecke, C., & Picot, A. (2015). Reflections on societal and business model transformation arising from digitization and big data analytics: A research agenda. *The Journal of Strategic Information Systems, 24*(3), 149-157.

Lucas Jr, H. C., & Goh, J. M. (2009). Disruptive technology: How Kodak missed the digital photography revolution. *The Journal of Strategic Information Systems, 18*(1), 46-55.

Maedche, A. (2016). Interview with Michael Nilles on "What Makes Leaders Successful in the Age of the Digital Transformation?" *Business & Information Systems Engineering, 58*(4), 287-289.

Majchrzak, A., Markus, M. L., & Wareham, J. (2016). Designing for digital transformation: Lessons for information systems research from the study of ICT and societal challenges. *MIS Quarterly, 40*(2), 267-277.

Markus, M. L., & Robey, D. (1988). Information technology and organizational change: Causal structure in theory and research. *Management Science, 34*(5), 583-597.

Matt, C., Hess, T., & Benlian, A. (2015). Digital transformation strategies. *Business & Information Systems Engineering, 57*(5), 339-343.

Morakanyane, R., Grace, A. A., & O'Reilly, P. (2017). Conceptualizing digital transformation in business organizations: A systematic review of literature. *Bled eConference, Bled,* Slovenia, 427-444.

Neumeier, A., Wolf, T., & Oesterle, S. (2017). The manifold fruits of digitalization–Determining the literal value behind. *Wirtschaftsinformatik Conference,* St. Gallen, Switzerland: AIS Electronic Library, 484-498.

Newell, S., & Marabelli, M. (2015). Strategic opportunities (and challenges) of algorithmic decision-making: A call for action on the long-term societal effects of 'datification'. *The Journal of Strategic Information Systems, 24*(1), 3-14.

Piccinini, E., Hanelt, A., Gregory, R., & Kolbe, L. (2015). Transforming industrial business: The impact of digital transformation on automotive organizations. *International Conference of Information Systems,* Fort Worth, TX.

Pulido, A. (2019). La universidad al otro lado del espejo. Blog sobre Futuro e Innovación. https://www.antoniopulido.es/la-universidad-al-otro-lado-del-espejo/

Schmid, A. M., Recker, J., & vom Brocke, J. (2017). The socio-technical dimension of inertia in digital transformations. *Hawaii International Conference on System Sciences,* Waikoloa Beach, HI, 4796-4805.

Sebastian, I. M., Ross, J. W., Beath, C., Mocker, M., Moloney, K. G., & Fonstad, N. O. (2017). How big old companies navigate digital transformation. *MIS Quarterly Executive, 16*(3), 197-213.

Selander, L., & Jarvenpaa, S. L. (2016). Digital action repertoires and transforming a social movement organization. *MIS Quarterly, 40*(2), 331-352.

SEP (2020). Principales cifras del Sistema Educativo Nacional. Dirección General de Planeación, Programación y Estadística Educativa. Secretaria de Educación Pública.

Setia, P., Venkatesh, V., & Joglekar, S. (2013). Leveraging digital technologies: How information quality leads to localized capabilities and customer service performance. *MIS Quarterly, 37*(2), 565-590.

Sia, S. K., Soh, C., & Weill, P. (2016). How DBS Bank pursued a digital business strategy. *MIS Quarterly Executive, 15*(2), 105-121.

Singh, A., & Hess, T. (2017). How chief digital officers promote the digital transformation of their companies. *MIS Quarterly Executive, 16*(1), 1-17.

Svahn, F., Mathiassen, L., & Lindgren, R. (2017). Embracing digital innovation in incumbent firms: How Volvo Cars managed competing concerns. *MIS Quarterly, 41*(1), 239-253.

Tanriverdi, H., & Lim, S.-Y. (2017). How to survive and thrive in complex, hypercompetitive, and disruptive ecosystems? The roles of IS-enabled capabilities. *International Conference of Information Systems*, Seoul, South Korea.

Töytäri, P., Turunen, T., Klein, M., Eloranta, V., Biehl, S., Rajala, R., & Hakanen, E. (2017). Overcoming institutional and capability barriers to smart services. *Hawaii International Conference on System Sciences*, Waikoloa Beach, HI, 1642-1651.

Tumbas, S., Berente, N., Seidel, S., & vom Brocke, J. (2015). The 'digital façade' of rapidly growing entrepreneurial organizations. *International Conference of Information Systems*, Fort Worth, TX.

UNESCO. (s/f). Educación superior y Objetivos de Desarrollo Sostenible. Retrieved September 2020 from https://es.unesco.org/themes/educacion-superior/ods

Vial, G. (2021). Understanding digital transformation: A review and a research agenda. *Managing Digital Transformation*, 13-66.

Wulf, J., Mettler, T., & Brenner, W. (2017). Using a Digital Services Capability Model to Assess Readiness for the Digital Consumer. *MIS Quarterly Executive, 16*(3), 171-195.

Yeow, A., Soh, C., & Hansen, R. (2017). Aligning with new digital strategy: A dynamic capabilities approach. *The Journal of Strategic Information Systems, 27*(1), 43-58.

Yoo, Y., Bryant, A., & Wigand, R. T. (2010). Designing digital communities that transform urban life: Introduction to the special section on digital cities. *Communications of the Association for Information Systems, 27*, 637-640.

Capítulo 2

Aspectos legales de la transformación digital en las instituciones de educación superior

DR. RICARDO FERNANDO ROSALES CISNEROS*

ricardorosales@uabc.edu.mx

DR. CARLOS ALBERTO FLORES SANCHEZ*

carlos.flores@uabc.edu.mx

DRA. NORA DEL CARMEN OSUNA MILLÁN*

nora.osuna@uabc.edu.mx

DRA. MARTHA OFELIA LOBO RODRÍGUEZ**

mlobo@uabc.edu.mx

**Facultad de contaduría y administración,*
*** facultad de turismo y mercadotecnia, Universidad Autónoma del Estado de Baja california*

RESUMEN: Las actividades de educación superior están en un momento de cambio, impulsado por la pandemia del COVID-19. En este escenario, cada vez más Instituciones de Educación Superior (IES) están iniciando o planeando la Transformación Digital (TD) con el objetivo de mejorar sus procesos, productos y/o servicios, o adaptarlos a las nuevas necesidades de sus grupos de interés. Sin embargo, es importante tener en cuenta que cualquier proyecto de transformación digital presenta retos y requerimientos legales que no siempre son considerados. Por lo tanto, se debe planificar y gestionar la TD desde una perspectiva legal, lo cual puede evitar infracciones, sanciones u otro tipo de daños para las IES. Para ello, se propone una metodología que consiste en un proceso iterativo que implica la identificación de objetivos, retos y oportunidades en la transformación digital de las IES, la identificación de los aspectos legales relevantes y la implementación de políticas y estrategias legales para garantizar el cumplimiento normativo y la protección de datos personales como parte de proteger los derechos humanos. Esta metodología se enfoca en desglosar los aspectos jurídicos que se deben tener presentes frente a un proceso de transformación digital, con el objetivo de informar y concientizar sobre los principales aspectos legales a considerar en un proceso de transformación digital, y así garantizar la viabilidad y eficiencia del proceso.

Palabras clave: Transformación Digital, Instituciones de Educación Superior, Aspectos Legales.

Legal aspects of digital transformation in higher education institutions

ABSTRACT: Higher education activities are undergoing changes due to the COVID-19 pandemic. As a result, an increasing number of Higher Education Institutions (HEIs) are implementing or planning Digital Transformation (DT) to enhance their processes, products, and services, or to adapt to new stakeholder needs. However, it is crucial to acknowledge that any DT project entails legal requirements and challenges that are often overlooked. Therefore, a legal-oriented approach must be employed when planning and managing DT to prevent any legal violations, sanctions, or damages for HEIs. This paper proposes a methodology that follows an iterative process to identify objectives, challenges, and opportunities in HEIs' digital transformation, determine relevant legal aspects, and implement legal policies and strategies to ensure regulatory compliance and protect personal data and human rights. This methodology provides an overview of the legal aspects that must be considered in a DT process, aiming to raise awareness and inform stakeholders of their importance to ensure the process's viability and efficiency.

Keywords: Digital Transformation, Higher Education Institutions, Legal aspects.

INTRODUCCIÓN

El futuro de las Instituciones de Educación Superior (IES) se proyecta en un entorno digital; cuanto antes adapten su enfoque hacia esta tendencia, mayores serán los beneficios que podrán obtener. Para lograrlo, es fundamental que se mantengan actualizadas en un contexto de constante cambio. Las IES deben revisar y ajustar sus estructuras para respaldar una mayor flexibilidad organizacional. Un primer paso puede ser adoptar la transformación digital como una estrategia clave para impulsar su evolución (Mohamed et al., 2021).

La transformación digital implica el uso de tecnologías digitales como herramienta para generar conocimientos relevantes que mejoren el proceso de Enseñanza-Aprendizaje (E-A), optimicen la experiencia de todos los grupos de interés y permitan realizar las operaciones de manera eficiente (Tungpantong et al., 2021).

Los datos son el inicio de un cambio significativo en las capacidades de las IES, pues permite conectar con los grupos de interés de forma significativa. Dicha conexión puede verse de diferentes maneras, por ejemplo, un aumento en opciones, transparencia, previsibilidad y eficiencia (Seres et al., 2018).

Para que las autoridades de las IES implementen la transformación digital de manera exitosa, es fundamental que contemplen aspectos como la protección de datos, la seguridad informática, el diseño de contratos y las regulaciones. Además, deben tener en cuenta cuestiones legales, tales como el cumplimiento normativo, la protección de la propiedad intelectual y la seguridad de los datos (Liu et al., 2019).

INSTITUCIONES DE EDUCACIÓN SUPERIOR

La Educación Superior es una vía para el desarrollo personal y de las sociedades en todo el mundo. En 2007 había un total de 150 millones de estudiantes universitarios. En 2011, la cifra de estudiantes aumentó a 182 millones, y se estima que para 2025 alcanzará los 262 millones. En este contexto, la Educación Superior se posiciona como un mercado global en el que la demanda ha superado a la oferta (UNESCO, 2014). Las universidades compiten para captar a los mejores estudiantes y docentes, así como por obtener lugares destacados en los rankings internacionales, con el fin de atraer más alumnos o evitar que los estudiantes locales opten por otras instituciones (Dung y Tri, 2021). La educación superior ha demostrado su sostenibilidad a lo largo de los siglos y su capacidad de transformación para impulsar el progreso y cambio en la sociedad (Garcia-Morales et al., 2021).

Considerando el impacto y la rapidez con la que se producen cambios en diversos aspectos de la vida cotidiana, es evidente que la sociedad se construye cada vez más sobre el conocimiento. Esto explica por qué la educación superior y la investigación se han convertido en pilares esenciales para el progreso cultural, asimismo, para lograr un desarrollo sostenible desde el punto de vista socioeconómico y ecológico, tanto a nivel individual como comunitario y nacional, es esencial considerar los Objetivos de Desarrollo Sostenible (ODS) adoptados en 2015. El ODS 4, enfocado en la educación, establece como una de las metas principales para la educación superior en 2030 asegurar que hombres y mujeres tengan acceso equitativo a una educación de calidad en los niveles técnico, profesional y universitario (Educación Superior y Objetivos de Desarrollo Sostenible, 2022).

La educación superior también desempeña un papel crucial en la consecución de otros objetivos de los ODS, como la erradicación de la pobreza; la promoción de la salud y el bienestar; la igualdad de género; el trabajo digno y el crecimiento económico; la producción y el consumo responsables; la acción climática; y el fomento de la paz, la justicia y el fortalecimiento de instituciones sólidas.

La UNESCO define la Educación Superior como los estudios de formación o investigación realizados después del nivel secundario, impartidos por universidades o instituciones reconocidas por las autoridades estatales competentes como centros de educación superior (Educación Superior, 2022). Esta definición incluye niveles como Técnico Superior Universitario (TSU) o profesional asociado, licenciatura, especialidad, maestría y doctorado, además de la educación normal en todas sus especialidades (Schmelkes, 2020).

En México, la Educación Superior está integrada por diversos tipos de instituciones: Universidades Públicas Federales, Universidades Públicas Autónomas Estatales, Universidades Públicas Estatales de Apoyo Solidario, Universidades para el Bienestar, Universidades Interculturales, Universidades Tecnológicas, Universidades Politécnicas, Escuelas Normales, Unidades de la Universidad Pedagógica Nacional, la Universidad Abierta y a Distancia de México, así como universidades privadas (Principales cifras del sistema educativo nacional 2019-2020, 2020).

El sistema de educación superior en México ha experimentado una evolución constante desde la década de los 50. Este sistema es extenso y ha mostrado un crecimiento acelerado, especialmente en los últimos años. Actualmente, se cuenta con 4,135 instituciones, tanto públicas como privadas, distribuidas en más de 6,600 planteles en todo el país. Desde los años 60, el número de estudiantes inscritos en la Educación Superior ha aumentado significativamente. Hoy en día, más de 4.5 millones de jóvenes cursan una licenciatura, mientras que 384,600 se encuentran en programas de posgrado en el país (Principales cifras del sistema educativo nacional 2019-2020, 2020).

EDUCACIÓN SUPERIOR Y SU EVOLUCIÓN

La Transformación Digital presenta una valiosa oportunidad para los IES en México, al llevar a cabo, al igual que los demás sectores económicos un salto a la Industria 4.0, pues ayuda a la productividad y competitividad, lo que permite destacar en mercados locales, nacionales e internacionales. El cambio de hábito de las nuevas generaciones de alumnos, con la integración de Internet, ha creado un nuevo espacio para la competencia entre universidades (Lopez-Garcia et al., 2019).

nternet se ha convertido en el principal canal de búsqueda para los estudiantes al explorar opciones educativas. Esto ha impulsado una cultura en la que las universidades se conciben como organizaciones de servicios, tanto para los estudiantes como para la sociedad en general. En este ámbito de servicios, los estándares a los que están acostumbrados los usuarios incluyen un uso eficiente de las tecnologías digitales. La reputación digital de las instituciones y su presencia global en la red se vuelven cada vez más relevantes. Una buena reputación digital requiere nuevas acciones y consideraciones, como una comunicación efectiva en redes sociales y el desarrollo de operaciones internas y interfaces externas que proporcionen experiencias positivas desde el primer contacto (Jackson, 2019). Este ejemplo destaca que la Transformación Digital no se basa solo en poseer tecnología, sino en su uso estratégico y en la creación de una cultura digital donde el enfoque principal está en las personas.

Hoy en día, la mayoría de las universidades cuentan con un sistema o plataforma para el manejo del aprendizaje (LMS, *Learning Management System*). Esta herramienta tecnológica ha tenido gran tasa de aceptación en la Educación superior de varios países (Chinkes y Julien, 2019). En México la integración de sistemas o plataformas de este tipo ha sido un proceso lento, viniendo de la mano de los sistemas altamente burocráticos que manejan las instituciones de Educación en el país. Sin embargo, la penetración de esta tecnología es acelerada por la crisis sanitaria traída por el Covid19. La oferta de aprendizaje en línea, se convierte más una necesidad que un servicio adicional de las universidades y con ello los sistemas LMS son vitales para su desempeño (Schmelkes, 2020).

Con miras al futuro, a medida que las IES integren más tecnologías digitales SMACIT (acrónimo en inglés de Social, Mobile, Analytics, Cloud e Internet of Things, es decir, Tecnologías Sociales, Móviles, Analítica de datos, Computación en la Nube e Internet de las Cosas) o lo que se conoce como Tercera Plataforma, contarán con una perspectiva más amplia para la toma de decisiones. Un ejemplo de ello es el uso de los registros generados por estudiantes y docentes que utilizan un LMS, los cuales pueden emplearse para fomentar la mejora continua en las IES, tanto en términos de campus como de currículo (Khan, 2020).

TRANSFORMACIÓN DIGITAL (TD)

Se ha alcanzado un momento en el que la digitalización de las organizaciones ha pasado de ser una opción alternativa o una tendencia a convertirse en una necesidad. Este cambio de paradigma es solo una etapa del inevitable proceso hacia la digitalización en todo tipo de organizaciones. La digitalización ofrece múltiples ventajas para incrementar la competitividad, aportando un valor añadido en los procesos, productos o servicios, así como en la comercialización y distribución. Las IES no están exentas de estos cambios (Chinkes y Julien, 2019).

La Transformación Digital, desde una perspectiva macroeconómica, abarca las transformaciones fundamentales que experimentan tanto la sociedad como las diversas industrias, impulsadas por la adopción y uso extensivo de las tecnologías de este tipo (Agarwal et al., 2010; Majchrzak et al., 2016). En un nivel microeconómico, este concepto se enfoca en cómo las organizaciones buscan incorporar la innovación mediante estas tecnologías, desarrollando estrategias que les permitan implementar un enfoque de Transformación Digital orientado a mejorar su eficiencia y optimizar su rendimiento operativo (Hess et al., 2016).

Además, la Transformación Digital ha surgido como un área de investigación de los Sistemas de Información Estratégicos (SIE) (Piccinini, et al., 2015). Se observa en investigaciones recientes el entendimiento de este fenómeno. Uno de los principales hallazgos en las investigaciones de las Tecnologías Digitales que habilitan la TD es que la tecnología solo es una de las variables a manipular para mantener a las organizaciones competitivas en el mundo digital. Mientras tanto otras de las variables importantes serían la estrategia (Bharadwaj et al., 2013), la cual lleva a cambios en la organización, cambios en estructura (Berman 2012), procesos (Badescu & Garcés-Ayerbe, 2009), y cultura (Roth et al., 2017). Dichos cambios son requeridos para producir o aumentar la capacidad de generar nuevas formas para la creación de valor (Mustafa, 2015).

Transformar digitalmente a las IES consiste en la reinvención estratégica en todos sus aspectos. Pero como se explicó anteriormente no simplemente se trata de integrar herramientas y tecnologías de la información y comunicación sin sentido. Aquí su propósito tiene que ir encaminado a las estrategias y objetivos que quiere alcanzar la organización. Un ejemplo de objetivo sería la digitalización de la empresa que sirva para gestionar un mayor flujo de información, captando, interrelacionando y empleando a los datos para la creación de información útil. Con el desarrollo del objetivo mencionado se aumenta la generación de información de calidad y su empleo como respaldo para un mejor proceso decisional, incrementando la rapidez y la calidad de las decisiones (Mohamed et al, 2021).

Ahora que muchas IES han tomado este camino de TD, han surgido nuevos modelos de negocio y procesos, por ejemplo, la creación de edificios, procesos de Enseñanza – Aprendizaje y *Smart Campus* (Campus Inteligentes o Universidad Inteligente), además de diferentes energías sostenibles.

Las IES que deciden tomar el camino de integrar nuevas estrategias incorporando las Tecnologías Digitales obtienen una serie de beneficios, como mejores formas de cooperación y solución de problemas, habilidades prácticas en análisis de datos y seguridad integral para los activos físicos y electrónicos. Además de estos beneficios, entre las más recurrentes se encuentran: automatización de procesos, minimizar costos, maximizar la optimización y el rendimiento en el uso de recursos, mejorar la comunicación, romper fronteras geográficas; ayuda en la personalización y atención al cliente que por consecuencia se presentan nuevas oportunidades de negocio. También, puede ofrecer flexibilidad a ciertos procesos de producción o servicios, hacerlos más rápido y sencilla la integración de sistemas adquiridos. Facilita la creación y expansión constante de servicios y datos mediante la escalabilidad, además de coordinar los servicios con una atención ininterrumpida. También ofrece la ventaja de concentrar la información en una infraestructura unificada y segura.

La revolución tecnológica en diversas industrias está generando mejoras en los procesos productivos y comerciales, aumentando al mismo tiempo la capacidad transformadora de las organizaciones debido a la interconexión entre consumidores, máquinas y productos. Esto impulsa la promoción de elementos de la transformación digital que facilitan la renovación de modelos de negocio y la reestructuración de industrias completas (Bharadwaj et al., 2013).

En su estudio, Bharadwaj (2016) analiza cómo la accesibilidad a la información digital, la automatización de procesos productivos, la interconexión de la cadena de valor y la creación de interfaces digitales orientadas al consumidor están transformando la estructura y el funcionamiento de las organizaciones.

La digitalización tiene la característica especial que puede potencializar todos los aspectos de la atención, procesos y operaciones dentro de una IES. Así contar con opciones más inteligentes y una optimización de los tiempos y recursos, para permitir a los docentes, coordinadores y administradores dedicar más tiempo en lo que más importa en cualquier institución de educación, la interacción con los alumnos.

Redes sociales, dispositivos móviles, SEO, servicios en la nube entre otras tecnologías digitales tienen un gran impacto en todo tipo de organización. De igual manera estos avances tecnológicos están creando grandes cambios de hábitos y actividades en los seres humanos.

Entre las características del hombre moderno se distinguen su conectividad digital, movilidad y existencia como parte de una comunidad digital más grande. Esto evidencia que hoy en día es cada vez más crucial integrar las tecnologías de la información en las organizaciones para impulsar la transformación de procesos y capacidades, permitiendo a las empresas evolucionar hacia nuevos modelos de negocio acordes con las capacidades tecnológicas de la era digital actual.Según un estudio del Instituto de Tecnología de Massachusetts, las empresas transformadas digitalmente son un 26% más rentables que las tradicionales (Schwertner, 2017).

La transformación digital genera la necesidad de modificar los modelos de negocio para ajustarse a los nuevos contextos. Es importante señalar que este proceso de transformación aún está en desarrollo; con la aparición continua de nuevas tecnologías, los modelos de negocio en la Industria 4.0 deben ser lo suficientemente flexibles para adaptarse a cambios constantes.

Según la definición de Lombardero (2015), se anticipa una nueva era de "océano azul," donde las empresas encontrarán un espacio aún sin competencia, con oportunidades de crecimiento exponencial y sin restricciones de sectores. Esta fase abre un amplio margen para la innovación en el desarrollo de productos y nuevas actividades, donde convergen el objeto físico y el servicio virtual, un fenómeno conocido como "servificación". En corto tiempo este concepto de transformación digital se vinculó al cambio o sustitución de un producto o servicio físico por uno virtual. Pero con la mejora de la tecnología, el concepto ha evolucionado a caracterizarse por la convergencia de lo físico y lo virtual tanto dentro de las empresas como con el resto de las actividades de la humanidad.

En la primera oleada de digitalización, era notable la separación entre el mundo físico y el mundo digital. Por ejemplo, los negocios tenían la oportunidad de tener una tienda física y una digital (en línea). Pero en la actualidad el concepto de transformación digital enfoca sus esfuerzos en convertir lo físico y lo virtual para ofrecer al cliente una experiencia única y a las empresas innovadores modelos de negocio para su crecimiento exponencial.

La transformación digital se denomina así debido a la modificación en la esencia de los productos o servicios de las empresas tradicionales. Hay una confusión de lo que esto implica y erróneamente se cree que solamente es la presencia de las empresas en redes sociales o buscadores como Google. En realidad, la transformación digital se basa en "...la hibridación de productos físicos y servicios virtuales o en la conexión de productos, servicios, cosas y personas de forma inteligente, de manera que modifica la naturaleza de los productos y los servicios" (Lombardero, 2015).

En un ejercicio de deconstruir el término, transformación se define como un proceso de una situación inicial, donde se mueve hacia el cambio. Hablar de este concepto dentro de la transformación digital es inherente a la innovación y, por lo tanto, este proceso va encaminado a la mejora continua e innovación de procesos.

Digital en el contexto de esta investigación hace referencia a los diferentes cambios contemporáneos en la sociedad, negocios y la industria que son motivados por las tecnologías de la información. La digitalización es el proceso mediante el cual numerosos aspectos de la vida social se reorganizan en torno a la comunicación digital y las infraestructuras de tecnologías emergentes. Para las empresas, esto da paso al procesamiento de datos en tiempo real o uso optimizado de información para proporcionar a los *stakeholders* (grupos de interés) del negocio el conocimiento necesario para una toma de decisiones más informada y la mejora continua de sus procesos, servicios o productos. En segunda instancia, la digitalización para una empresa está relacionada con conceptos de técnicas de optimización y automatización de actividades, así como un proceso escalonado de incorporación a la economía digital.

Diferentes autores hacen hincapié que este proceso no se trata solamente de implementar todas las nuevas tecnologías posibles. Schwertner (2017) recalca que es fundamental encaminar los esfuerzos de transformación en base a una estrategia. Es importante que ésta venga de la mano de una visión clara a dónde se quiere llevar el negocio. Es decir, para una transformación digital exitosa tiene que ir de la mano de una adecuada reingeniería, con optimización apropiadas de procesos, en base a estrategias establecidas con anterioridad.

Al final, la transformación implica la búsqueda de satisfacción del cliente. Al poner al cliente en el centro nos lleva a descubrir cambios sociológicos importantes, por ejemplo identificar grupos importantes en la sociedad denominados *HighTech* (Alta Tecnología), *HighTouch* (Alto Contacto) que dan prioridad a productos digitales que incorporan tecnología táctil, por mencionar algunos.

Sin la estrategia necesaria, se perderá el enfoque establecido en el cliente, ya que muchas compañías se vislumbran con la adquisición de nuevas y cautivantes tecnología y pierden de vista lo que realmente es importante para el negocio, sus clientes.

La transformación digital en las IES exige de igual manera una revolución organizativa y debe integrarse en ella. Para empezar, se tiene que analizar las herramientas y plataformas con las que actualmente trabajan para simplificar su funcionamiento. Además, se tiene que mejorar diferentes aspectos de su funcionamiento, no solo hablar de interconexión si no de interoperabilidad de las herramientas tecnológicas con el propósito de prevenir la fragmentación de la información y buscar ante todo la eficiencia. Entre más información tenga disponible los altos mandos en una IES, ayudará a una mejor toma de decisiones.

EL AUGE DE TECNOLOGÍAS DIGITALES Y EL CAMINO HACIA LA SOCIEDAD 3.0

Al considerar las tecnologías, es aconsejable tener en cuenta la interrelación entre las necesidades humanas, la innovación tecnológica y las dinámicas comerciales o de mercado. Las tecnologías digitales han sido protagonistas en las últimas décadas para impulsar el progreso tecnológico y social, marcando una transición del uso de tecnologías analógicas a digitales (Khan, 2020).

La tecnología resulta de la aplicación de la ciencia y la ingeniería, mediante diversos métodos e instrumentos, para crear un producto que puede satisfacer una necesidad o solucionar un problema. El concepto de tecnología sumado a lo digital nos accede renunciar a tecnologías mecánicas, análogas, para pasar al mundo digital expresado ceros y unos (binario). Este concepto, es la base de lo que ha evolucionado exponencialmente durante las últimas décadas trae consigo una disrupción tecnológica que detona la transformación digital asociado a estas aplicaciones tecnológicas que provocan un cambio en todos los aspectos de la sociedad humana.

La sociedad 3.0 se refiere a la sociedad de un futuro muy cercano (que quizás ya es una realidad), caracterizada por grandes transformaciones impulsadas por el acelerado cambio tecnológico. Haciendo un repaso de las etapas anteriores, la sociedad 1.0 se identifica con la sociedad agraria e industrial predominante hasta el siglo XX. La sociedad 2.0, en la que nos encontramos actualmente, es la sociedad del conocimiento, marcada por la creación de internet, que posibilitó la interconexión personal, tecnológica y la globalización. En esta etapa, las Tecnologías de la Información y la Comunicación (TIC) no solo se utilizan para el intercambio de ideas, sino también para reinterpretarlas. A su vez, con el apoyo de la Web 2.0 y las tecnologías sociales, se allana el camino hacia la futura sociedad 3.0.

La transformación digital que transitan las IES en la actualidad está siendo al mismo tiempo teorizada, y vive entre una sociedad 2.0 y 3.0, donde gracias a los avances tecnológicos se puede ver una perspectiva de la sociedad del futuro. Esta es una sociedad en la que la ciudadanía digital se desarrolla en entornos y momentos creados en la Web 3.0 (Saldivia, Calderón, 2020).

La sociedad 3.0 se define por tres factores fundamentales: un cambio social y tecnológico acelerado, una globalización constante que facilita la redistribución horizontal del conocimiento y las relaciones, y una sociedad impulsada por la innovación, liderada por los "knowmads" o nómadas del conocimiento.

Los *knowmads* son un resultado natural de la globalización y de las nuevas tecnologías digitales. Moravec (2008) define a los *knowmads* como personas innovadoras, imaginativas y creativas, capaces de colaborar con cualquier persona, en cualquier lugar y momento. Son valorados por su conocimiento personal, que les otorga una ventaja competitiva frente a otros trabajadores. En la sociedad 3.0, los estudiantes deben ser capaces de aprender, trabajar, jugar y compartir en casi cualquier contexto.

Sin embargo, antes de la disrupción tecnológica provocada por la Pandemia del Covid-19, no se percibían indicios existentes para afirmar que la educación estuviera evolucionando hacia esos paradigmas. Ahora, considerando las medidas que están tomando las instituciones educativas y los esfuerzos acelerados para brindar tecnologías a las exigencias del confinamiento y mantengan una adecuada calidad educativa, se percibe el inicio del cambio social 3.0.

LA CONSUMERIZACIÓN DE LAS SMACIT

De la necesidad de invertir en tecnologías de la tercera plataforma y el auge de las nuevas tecnologías digitales nacen un modelo para impulsar la transformación digital de las empresas. Esta situación posiciona a las TIC como el motor de la transformación digital, impulsada por cinco macrotendencias profundamente influenciadas por la tecnología, agrupadas en el acrónimo SMACIT.

Este término se refiere a la *consumerización* de las tecnologías de la información, donde las nuevas tecnologías primero emergen en el mercado de consumo y luego se extienden a las organizaciones comerciales. Este fenómeno tendrá un impacto estratégico en cómo las empresas interactúan con sus clientes y el mercado. Durante décadas, la distinción entre las tecnologías de consumo y las soluciones empresariales de TI fue bastante clara; sin embargo, en los últimos años, esa línea se ha ido desdibujando cada vez más.

Numerosas tendencias informáticas innovadoras y de rápido crecimiento, como la Web 2.0 o los servicios en la nube, tuvieron su origen en el ámbito del consumidor y han llegado recientemente al entorno empresarial. integrándose dentro de los procesos internos de las organizaciones, en un proceso denominado consumerización informática. Lo vemos con el uso de *Whatsapp* o *Facebook*, existen muchas empresas ¿cómo? usan estos servicios que son primeramente dirigidos al consumidor a evolucionar a herramientas de comunicación interna para ciertas empresas, pues toda plataforma, o tecnologías digitales tiene el potencial de tomar este brinco.

En el Centro de Investigación de Sistemas de la Información (CISR) en *MIT Sloan School of Managment* identifica estas tecnologías SMACIT como: *Social, Mobile* (móvil), *Analytics* (Analíticos), *Cloud* (Nube), *Internet of Things* (Internet de las cosas). En años recientes este centro de investigación y escuela de renombre científico estudia las oportunidades y retos que estas tecnologías nos permiten. Ciertamente, la convergencia de estas y otras tecnologías digitales ha eliminado cualquier comodidad del statu quo para hacer negocios tradicionales. En consecuencia, los líderes empresariales y gerentes tienen que crear nuevas estrategias comerciales y desarrollar unas nuevas visiones apegados a las nuevas tecnologías con una estrategia digital.

ENFOQUE ESTRATÉGICO PARA LA GESTIÓN LEGAL DE LA TRANSFORMACIÓN DIGITAL EN INSTITUCIONES DE EDUCACIÓN SUPERIOR

La metodología propuesta se basa en dos fases principales: (1) Identificación de objetivos y desafíos en la Transformación Digital (TD) de las Instituciones de Educación Superior (IES), (2) Identificación de aspectos legales relevantes en el proceso de TD.

En la primera fase, se realizará un análisis detallado de los objetivos y desafíos que se presentan en la TD de las IES. Esto incluirá la identificación de las necesidades y expectativas de los diferentes grupos de interés, así como la evaluación de las capacidades y recursos disponibles en la institución. En la segunda fase, se llevará a cabo un análisis legal de los aspectos relevantes en el proceso de TD, incluyendo el cumplimiento normativo en materia de protección de datos personales, propiedad intelectual, seguridad de la información, entre otros, así como su relación con los derechos humanos. Se llevará a cabo un análisis documental de la normativa legal y regulaciones relevantes en la materia.

LA TRANSFORMACIÓN DIGITAL Y LOS ASPECTOS LEGALES DERECHO DE LA PROPIEDAD INTELECTUAL (PI)

Los tipos de protección de propiedad intelectual relevantes para la transformación digital incluyen: marcas, derechos de autor y secretos comerciales (Abdullah et al., 2021).

DERECHOS DE AUTOR

Los derechos de autor protegen obras artísticas originales, como literatura, música, películas, software y arquitectura, otorgando a sus creadores el derecho exclusivo de reproducir y distribuir copias, preparar obras derivadas y presentar o exhibir públicamente la obra (Sala, 2021). Aunque los autores no necesitan registrar su obra para obtener derechos de autor iniciales, que se adquieren automáticamente bajo el derecho común, deben registrarlos a nivel federal para obtener protección plena (Magadán-Diaz y Rivas-Garcia, 2019).

Los derechos de autor aseguran que las empresas respeten las leyes de protección para imágenes y vídeos. Si estas utilizan imágenes o vídeos en sitios web, comunicaciones o redes sociales, deben contactar a los titulares de derechos y asegurarse de tener permiso para usarlos con fines comerciales. En caso de duda sobre los derechos de alguna obra utilizada, es recomendable consultar a un abogado de derechos de autor. Si se otorga licencia para código fuente, software o tecnología, un abogado puede garantizar que estos recursos se usen conforme a la ley de derechos de autor.

Asimismo, las empresas deben solicitar el registro federal de derechos de autor para cualquier material artístico que comercialicen o publiquen digitalmente, incluyendo presentaciones, anuncios, imágenes o diseños de productos.

MARCAS COMERCIALES

Una marca es una palabra, nombre, logotipo, símbolo o una combinación de estos elementos que actúa como un identificador de bienes, productos o servicios. Las marcas permiten a los estudiantes potenciales reconocer la reputación de las IES (Sampedro et al., 2021).

Las marcas comerciales son esenciales en cualquier publicación o punto de venta en el que una empresa se identifique como marca. En el entorno digital, construir una marca puede ser desafiante debido a los numerosos componentes que intervienen. Las empresas deben registrar a nivel federal sus marcas, logotipos, íconos y símbolos de identificación similares, utilizando luego el indicador "™" o "®" para mostrar que están registradas. Esto es particularmente relevante en sitios web y otras plataformas externas para asegurar la consistencia.

SECRETOS COMERCIALES

Un secreto comercial es un sistema legalmente protegido que comprende información que una organización procura resguardar tanto internamente como externamente, ya que suele ser la fuente de su ventaja competitiva. Estos secretos abarcan fórmulas, patrones, compilaciones, programas, dispositivos, métodos, técnicas, procesos, entre otros (Illvonen et al., 2018).

DERECHO CONTRACTUAL

Los directivos de las organizaciones y líderes de equipos deben ser conscientes de los riesgos asociados con la transformación digital. El uso de servidores digitales y la contratación de desarrolladores de software independientes representan dos de estos riesgos.

Entre las consideraciones a tener en cuenta están la necesidad de un software de cifrado, la capacitación adecuada de los empleados sobre dónde almacenar tanto la información propia como la de la organización, y la implementación de acuerdos de confidencialidad para garantizar que toda la información se mantenga dentro de la empresa.

Por otro lado, los acuerdos que se realizan con desarrolladores de *software* por sus actividades que van desde la personalización, inspección, desarrollo, pruebas, puesta en marcha de *software*. Cada una de estas actividades tiene características de tiempos de entrega de actividades a realizar, recursos utilizados (es decir las fuentes de código, que por lo regular cuentan con propiedad intelectual).

Otros contratos que son comunes de realizar se refieren al soporte y mantenimiento, puesto que el *software* es un ente en constante evolución, igual o más que la misma organización, pues el *software* es donde se refleja la optimización de procesos. Debe de estar claro los alcances del soporte y mantenimiento, tiempos de respuesta y términos de pago.

La transformación digital lleva a las organizaciones a reimaginar como estas se organizan, piensan y se comprometen con los clientes. A menudo, esto significa un enfoque en cómo reunir, almacenar y utilizar los datos de los clientes. El área de almacenamiento de datos aún tiene muchas áreas de oportunidad en cuanto al aspecto legal las cuales se deben considerar al momento de la transformación digital.

En la puesta en marcha de un plan para la transformación digital, los principales retos, en cuanto a cumplimientos se refiere son:

Protección y seguridad de los datos

Una actividad común de la minería de datos es usar los datos para publicidad (minería de datos etc.). De ahí que, en primer lugar, las empresas deben obtener un seguro tan pronto como tengan información valiosa del usuario. Cumplir con las directrices de los seguros sobre cómo almacenar de forma segura los datos de los usuarios y comprobar a menudo que el cumplimiento de los datos está al día con cualquier cambio en la política.

Es fundamental que las organizaciones tengan claro las diferencias entre los datos personales y no personales para cumplir con las normas de protección de datos. Al almacenar la información de los diferentes usuarios, las organizaciones deben asegurarse de cumplir con todas las regulaciones federales, estatales y específicas de la industria a la que perteneces. Si el negocio es internacional, se puede consultar con un abogado internacional para validar que se están siguiendo los códigos de conducta aplicables a las actividades de la organización.

Al final, todo se reduce a los contratos. Las organizaciones necesitan asegurarse de que tienen un acuerdo de usuario completo que los diferentes clientes aceptan cada vez que entran en el sitio web o cualquier otra aplicación o plataforma digital de la compañía. La gran mayoría de los usuarios simplemente se desplazan a través de los acuerdos y aceptan sin mirar, pero esto no significa que sean no ejecutables, de ahí la importancia de que las organizaciones si lo contemplen y lo expongan a los diferentes usuarios.

En lo que respecta a la seguridad cibernética en el almacenamiento de la información de los usuarios, es común que se consulte con grupos de *software* y tecnología de terceros para determinar la seguridad de los datos frente a una infracción. La elaboración de un plan cauteloso y trabajado con los equipos internos, consultores de tecnología de terceros y abogados de propiedad intelectual, debería ser suficiente para asegurar que la privacidad del usuario está a la vanguardia de seguridad en el contexto de transformación digital.

En un panorama donde las IES han iniciado su proceso de TD, los puntos clave desde la perspectiva legal, se pueden dividir en dos: por un lado, la abogacía de la TD, y por otro los tratos de la TD.

Por el lado de los aspectos legales, y una vez identificado que los proyectos de TD requieren de una gran cantidad de recursos de las IES, se debe clarificar el alcance, las relaciones y los objetivos de las nuevas tecnologías digitales. Dichas tecnologías pueden llegar a ser abrumadoras por su alcance y la velocidad de adopción en el sector servicios. Sin embargo, el clarificar lo que se puede lograr con las tecnologías digitales es el primer paso para aplicar los aspectos legales, es decir lograr una claridad legal en base a una comprensión genuina de las tecnologías digitales

Como se mencionó anteriormente, el equipo legal debe comprender las tecnologías digitales, además de ayudar a dar forma a la estrategia, las políticas y los procesos de la organización con relación a la TD. Por ejemplo: en las áreas de privacidad, protección de datos, ciberseguridad, regulaciones del sector, gobierno de datos y ciclo de vida del *software*. El contar con documentos detallados donde se encuentre la visión, políticas y procesos de las IES, así como de socializarlos mejora la aceptación del proceso de TD en las IES.

El rol del equipo legal de TD en el cumplimiento de los tratos llevados a cabo para la TD, le da un lugar en la gestión de proyectos de TD, en cuanto a aspectos estratégicos o tácticos, en el cumplimiento de los acuerdos y en el establecimiento de la agenda y objetivos. Por ejemplo: los acuerdos que se pueden lograr en cuanto al uso, adquisición y contratación de la nube; que conforme se avanza en todo como servicio, el comprender los conceptos básicos de servicios en la nube y los modelos de entrega es el primer paso a su implementación.

Legislación mexicana

El derecho a las TIC´s y garantizar el acceso a Internet es un derecho constitucional marcado en el Artículo 6, párrafo tercero de la Constitución Política de los Estados Unidos Mexicanos. Este derecho lleva a un escenario de comprometer la confidencialidad y seguridad de la información, de ahí que en México existen leyes que ayudan a mantener la confidencialidad y seguridad de la información, entre estas leyes se encuentran: la Ley General de Profesiones; Ley Federal del Trabajo; Ley de la Propiedad Industrial; Ley Federal de Protección al Consumidor; Ley Federal de Archivo; Ley Federal de Firma Electrónica; Código de Comercio y Ley Federal de Protección de Datos Personales en Posesión de Particulares (Ostero y Suárez, 2021).

La principal característica de la TD es el acceso a la información. En el contexto de las IES los principales proveedores de dicha información son los estudiantes y docentes, esto trae responsabilidades jurídicas sobre el uso de esta información. México no se ha quedado atrás en la promulgación de leyes que buscan proteger dicha información y las IES deben asegurarse de apegarse a estas leyes.

Considerando a las Tecnologías Digitales como base para la transformación Digital, se desarrolla una tabla con el impacto de los aspectos legales en dichas Tecnologías Digitales:

Tabla 1. Aspectos legales a considerar por las instituciones de educación superior

Tecnologías digitales (SMACIT)	Derechos de autor	Marcas comerciales	Secretos comerciales	Cumplimiento	Protección y seguridad de datos
Tecnologías Sociales	X	X		X	X
Tecnologías Móviles		X	X	X	X

Analítica	X		X		X
Tecnología de la nube	X		X		X
Internet de las Cosas				X	X

Fuente: Elaboración propia.

Una vez realizada la investigación bibliográfica sobre los principales aspectos legales a considerar en el contexto de la transformación digital en Instituciones de Educación Superior, se encontró lo siguiente:

En cuanto a los derechos de autor, es necesario considerarlos al momento de crear y/o compartir contenido, con el fin de no infringirlos, pues al considerar las tecnologías sociales, es posible compartir material del cual no se cuente con los derechos de autor. Lo mismo para el tema de contenido que se genera dentro de las IES, esto debe ser publicado con el consentimiento de los autores. Otro punto que considerar es el material que se utiliza para la analítica, pues para que los datos sean susceptibles de análisis se debe contar con la autorización de los autores. Además, en la TD el desarrollo de *software* genera el uso de derechos de autor, pues los departamentos de sistemas o de TIC´s generan su propio código, por lo cual se debe conocer la forma en que se protegen esos derechos de autor, ya sea para los equipos de desarrollo interno, así como para los equipos de desarrollo externos, de cómo se realizaría la relación con la IES, por ejemplo, si es para trabajo colaborativo, donde se quedaría un grado de propiedad en ambas partes, otra relación donde todo el código se queda como parte de la IES o si el código desarrollado se queda como propiedad de la organización contratada.

En cuanto la marca comercial de la IES debe estar registrada, así al hacer uso de las tecnologías sociales y de las tecnologías móviles, la marca comercial estará protegida, así como el uso en el material generado y compartido, tanto por los alumnos como por los docentes, pues hacen uso en sus trabajos de marcas comerciales y se debe cuidar de no infringir en el uso de estas marcas comerciales, de la misma forma con las investigaciones de los docentes, pues en estas se registra información de las empresas, a las cuales comúnmente se les ofrece una solución a una problemática diagnosticada y esta queda documentada.

Un secreto comercial se puede ver vulnerable al estar expuesto públicamente, al tener que promover los productos y servicios de forma pública, y donde comúnmente se busca mostrar las ventajas competitivas, pero que protege a las empresas de mostrar la lógica de sus programas. Los secretos comerciales son esenciales para implementar correctamente la transformación digital. Al digitalizar los procesos y métodos operativos, las empresas ya no pueden guardar secretos en archivos físicos. En cambio, dependen del almacenamiento en la nube, servidores remotos y cadenas de correo electrónico que permanecen disponibles de forma indefinida.

El derecho contractual tiene su impacto en la transformación digital, pues una de las tecnologías digitales son los servicios de la nube y en esta en un momento dado se es vulnerable a ciertos riesgos, entonces es importante considerar el derecho contractual para asegurarse que los riesgos son menores a los que uno podría ser vulnerable en caso de tener toda la infraestructura tecnológica.

Las IES al integrar como estrategia la transformación digital, logra cambios en los productos y servicios, es importante asegurarse del cumplimiento de las promesas que se hacen por los diferentes medios de las tecnologías digitales.

Los seguros sobre la protección de datos son indispensables, pues una de las características de las tecnologías digitales son las nuevas formas de obtención de datos, por ejemplo, en el caso del Internet de las Cosas, pensemos en el caso de un

Smart Campus, donde se generan miles de registros al día en base al movimiento de los estudiantes, docentes, administrativos y directivos. La cantidad de información que se obtiene de las diferentes tecnologías digitales es importante considerar las normas de protección de datos. Por ejemplo, al almacenar la información de los estudiantes, de las empresas con las que se trabaja en vinculación, de los docentes, personal administrativo y directivo.

CONCLUSIONES

La Transformación Digital de las Instituciones de Educación Superior se vio acelerada por la presencia de COVID-19. Las Instituciones de Educación Superior no son la excepción a los grandes cambios que enfrentan las sociedades por las tecnologías digitales. Si bien es cierto que la Transformación Digital puede ser utilizada como estrategia para promover el uso de las tecnologías digitales, se enfrentan retos inherentes al proceso de Transformación. Uno de estos retos está en los aspectos legales que se deben considerar al momento de adoptar la Transformación Digital como estrategia. Las Tecnologías Digitales comúnmente son representadas como tecnologías SMACIT (*Social, mobility, Analytics, Cloud e IoT*). Es importante que las IES consideren los aspectos legales que pueden verse involucrados con las tecnologías digitales. Este documento presentó un acercamiento a la relación entre las tecnologías SMACIT y los aspectos legales relacionados a estos.

Este es tan solo un bosquejo que surge del análisis de literatura al respecto. Es importante considerar que existe poca literatura que relacione el concepto de Transformación Digital con sus aspectos legales, es decir, existe una importante área de oportunidad en documentar experiencias de organizaciones donde el proceso de transformación digital esté o haya sido realizado y documentar sus previsiones en los aspectos legales.

Otro aspecto clave para adoptar exitosamente la Transformación Digital como estrategia es reconocer que los empleados son el motor principal de dicho éxito. Por lo tanto, resulta útil implementar cambios culturales que apoyen un entorno en constante evolución. Un ejemplo efectivo es capacitar a los empleados en al menos una nueva forma de trabajo, lo cual puede incluir iniciativas de aprendizaje continuo, espacios de trabajo colaborativo o trabajo en equipo. La adopción de un enfoque más holístico e integral puede incrementar las probabilidades de éxito en la transformación. Los proyectos resultantes de estas actividades pueden transformarse en innovaciones, que deben protegerse para asegurar que la ventaja competitiva obtenida sea duradera.

Además, el proceso de transformación digital como tal, implica el uso de las tecnologías digitales, sin embargo, llegar a este punto requiere de pasar por un arduo camino de digitalizar a la organización y de digitalización de procesos. Actualmente este proceso de digitalización de la organización es el que está vigente, por lo tanto, es importante que las organizaciones también consideren los aspectos legales de ambas actividades. Por ejemplo, en un proceso de digitalizar documentos, como un libro o artículo, o la digitalización de procesos que sean producto de algún trabajo de investigación a otra organización de características semejantes. Ambos ejemplos muestran retos para las dos actividades, digitalizar y digitalización, estos ejemplos sirven para mostrar que, al llegar a la estrategia de transformación digital, ya se cuenta con cierto camino recorrido, y que, si no se han considerado los aspectos legales antes, al momento de operacionalizar la estrategia de transformación digital deben ser considerados.

Por último, el derecho de la propiedad intelectual y los derechos de autor están estrechamente relacionados con los derechos humanos, pues ambos se refieren a la protección de los derechos de las personas en cuanto a su trabajo y su creatividad.

Los derechos de propiedad intelectual protegen los derechos de autor, las marcas registradas, las patentes y otros derechos de propiedad relacionados con la creatividad y el trabajo intelectual. Estos derechos, cuando se respetan, ayudan a proteger la dignidad y los derechos económicos de las personas que han creado obras creativas y/o innovadoras.

BIBLIOGRAFÍA

Abdullah, N., Hanafi, H., & Nawang, N. I. (2021). Digital Era and Intellectual Property Challenges in Malaysia. Pertanika Journal of Social Sciences & Humanities, 29.

Agarwal, R., Gao, G., DesRoches, C. & Jha, A. K. (2010). Research commentary—the digital transformation of healthcare: Current status and the road ahead. Information Systems Research, 21(4), 796–809.

Badescu, M. & Garcés-Ayerbe, C. (2009). The impact of information technologies on firm productivity: Empirical evidence from Spain. Technovation, 29 (2), pp. 122-129.

Berman, S. (2012). Digital transformation: opportunities to create new business models. Strategy & Leadership, 40 (2), pp. 16-24.

Bharadwaj, A., El Sawy, O. A., Pavlou, P. A., & Venkatraman, N. (2013). Digital business strategy: toward a next generation of insights. MIS quarterly, 471-482.

Chinkes, E., & Julien, D. (2019). Las instituciones de educación superior y su rol en la era digital. La transformación digital de la universidad: ¿transformadas o transformadoras?. Ciencia Y Educación, 3(1), 21-33. doi: 10.22206/cyed.2019.v3i1.pp21-33

Dung, N. T., & Tri, N. M. (2021). Digital transformation meets national development requirements. Linguistics and Culture Review, 5(S2), 892-905.

Educación superior. (2022). Retrieved 16 February 2022, from https://es.unesco.org/themes/educacion-superior

Educación superior y Objetivos de Desarrollo Sostenible. (2022). Retrieved 16 February 2022, from https://es.unesco.org/themes/educacion-superior/ods

García-Morales, V. J., Garrido-Moreno, A., & Martín-Rojas, R. (2021). The transformation of higher education after the COVID disruption: Emerging challenges in an online learning scenario. Frontiers in Psychology, 12, 196.

Hess, T., Matt, C., Benlian, A. & Wiesböck, F. (2016). Options for formulating a digital transformation strategy. MIS Quarterly Executive, 15(2).

Ilvonen, I., Thalmann, S., Manhart, M., & Sillaber, C. (2018). Reconciling digital transformation and knowledge protection: A research agenda. Knowledge Management Research & Practice, 16(2), 235-244.

Jackson, N. C. (2019). Managing for competency with innovation change in higher education: Examining the pitfalls and pivots of digital transformation. Business Horizons, 62(6), 761-772.

Khan, H. U. (2020). The role of SMAC (social media, mobility, analytics, cloud) for students and educators in online education. Journal of Theoretical and Applied Information Technology, 98(6), 915-934.

La figura del Chief Digital Officer (CDO) en las instituciones de educación superior | Telos. (2022). Retrieved 16 February 2022, from https://telos.fundaciontelefonica.com/archivo/numero103/la-figura-del-chief-digital-officer-cdo-en-las-instituciones-de-educacion-superior/

Liu, M., Zha, S., & He, W. (2019). Digital transformation challenges: A case study regarding the MOOC development and operations at higher education institutions in china. TechTrends, 63(5), 621-630.

Lombardero, L. (2015). Trabajar en la era digital, Tecnología y competencias para la transformación digital. España: LID editorial Empresarial, S.L.

Lopez-Garcia, T. J., Alvarez-Cedillo, J. A., Sanchez, T. A., & Vicario-Solorzano, C. M. (2019). Review of trends in the educational model of distance education in Mexico, towards an education 4.0. Computer Reviews Journal, 3, 111-121.

Magadán-Díaz, M., & Rivas-García, J. (2019). Los Modelos de Negocio y la transformación digital en la industria editorial española. Informação & Sociedade: Estudos, 29(3).

Majchrzak, A., Markus, M. L. & Wareham, J. (2016). Designing for digital transformation: lessons for information systems research from the study of ICT and societal challenges. MIS quarterly, 40(2), 267–277.

Mohamed Hashim, M. A., Tlemsani, I., & Matthews, R. (2021). Higher education strategy in digital transformation. Education and Information Technologies, 1-25.

Mustafa, R. (2015). Business model innovation. Journal of Strategy and Management, 8 (4), pp. 342-367.

Otero-Escobar, A. D., Suárez-Jasso, E. (2021). Estudio de la legislación del Internet de las cosas en México. Interconectando Saberes, (12), 1-14.

Piccinini, E., Gregory, R. W. & Kolbe, L. M. (2015). Changes in the producer-consumer relationship–towards digital transformation. Changes, 3(4), 1634–1648.

Principales cifras del sistema educativo nacional 2019-2020. (2020). Retrieved 16 February 2022, from https://www.planeacion.sep.gob.mx/Doc/estadistica_e_indicadores/principales_cifras/principales_cifras_2019_2020_bolsillo.pdf

Roth, A., Dumbach, M., Schliffka, B. & Möslein, K. (2017). Successful management of diverse corporate innovation communities. Journal of Strategy and Management, 10 (1), pp. 2-18.

Tungpantong, C., Nilsook, P., & Wannapiroon, P. (2021). A Conceptual Framework of Factors for Information Systems Success to Digital Transformation in Higher Education Institutions. In 2021 9th International Conference on Information and Education Technology (ICIET) (pp. 57-62). IEEE.

Sala, J. F. A. (2021). Los desafíos de la transformación digital de la democracia. RECERCA. Revista De Pensament I Anàlisi, 26(2).

Saldivia, B. S., & Calderón, J. M. (2020). Tecnologías digitales en el aprendizaje-servicio para la formación ciudadana del nuevo milenio. RIED. Revista Iberoamericana de Educación a Distancia, 23(1), 129-148.

Sampedro Guamán, C. R., Palma Rivera, D. P., Machuca Vivar, S. A., & Arrobo Lapo, E. V. (2021). Transformación digital de la comercialización en las pequeñas y medianas empresas a través de redes sociales. Revista Universidad y Sociedad, 13(3), 484-490.

Schmelkes, S. (2020). La educación superior ante la pandemia de la COVID-19: el caso de México. Universidades, 71(86), 73-87.

Schwertner, K. (2017). Digital Transformation of Business. Trakia Journal of Sciences, 15, pp. 388-393.

Seres, L., Pavlicevic, V., & Tumbas, P. (2018, March). Digital transformation of higher education: Competing on analytics. In Proceedings of INTED2018 Conference 5th-7th March (pp. 9491-9497).

UNESCO. (2014). Global Flow of Tertiary-Level Students. Quebec, Canadá: Instituto de Estadística de la UNESCO. Recuperado a partir de http://www.uis.unesco.org/Education/Pages/international-student-flow-viz.aspx

Capítulo 3

Gestión de la innovación educativa: evaluación de la educación 4.0 en instituciones de nivel superior

DRA. NORA DEL CARMEN OSUNA MILLÁN
nora.osuna@uabc.edu.mx

M.C. JOSUE MIGUEL FLORES PARRA
josue.miguel.flores.parra@uabc.edu.mx

DR. JUAN ANTONIO MEZA FREGOSO
juanmezaf@uabc.edu.mx

DR. RICARDO FERNANDO ROSALES CISNEROS
ricardorosales@uabc.edu.mx

Facultad de contaduría y administración,
Universidad Autónoma del Estado de Baja California

RESUMEN: La Educación 4.0 ha surgido como respuesta a los avances tecnológicos traídos por la Cuarta Revolución Industrial. Este artículo tiene como objetivo examinar la percepción de los estudiantes universitarios en Tepic, Nayarit, sobre la relevancia de las tecnologías digitales y la Educación 4.0 en su formación académica y preparación para el mercado laboral. A través de un método cualitativo y descriptivo, se aplicaron cuestionarios a una muestra de 45 estudiantes. Resulta que aunque los estudiantes conocen de la importancia de las tecnologías digitales en su educación, el conocimiento sobre la Industria 4.0 es limitado. Se mencionan las posibles implicaciones de lo encontrado y se recomienda implementar programas de formación en Educación 4.0 para estudiantes y docentes, enfocados en el uso práctico de TICs y en fomentar una cultura de innovación que fortalezca competencias clave como creatividad y pensamiento crítico.

Palabras claves: Educación 4.0, Cuarta Revolución Industrial, Tecnologías digitales, Industria 4.0, Formación académica

Educational innovation management: evaluation of education 4.0 In higher education institutions

ABSTRACT: Education 4.0 has emerged in response to the technological advances brought by the Fourth Industrial Revolution. This article aims to examine the perception of university students in Tepic, Nayarit, regarding the relevance of digital technologies and Education 4.0 in their academic training and preparation for the job market. Using a qualitative and descriptive method, questionnaires were administered to a sample of 45 students. The findings reveal that, while students understand the importance of digital technologies in their education, their knowledge of Industry 4.0 is limited. The article discusses the possible implications of these findings and recommends implementing Education 4.0 training programs for students and teachers, focused on the practical use of ICTs and fostering a culture of innovation that strengthens key skills like creativity and critical thinking.

Keywords: Education 4.0, Fourth Industrial Revolution, Digital Technologies, Industry 4.0, Academic Training

1. INTRODUCCIÓN

La Cuarta Revolución Industrial está generando una transformación profunda en diversos sectores, impulsada por tecnologías como el Internet de las Cosas (IoT), el big data, inteligencia artificial (IA), la realidad aumentada y la robótica (Dash et al., 2019; Baena et al., 2017). En el contexto educativo, estos avances han dado lugar a la Educación 4.0, un enfoque que busca adaptar la enseñanza a las exigencias de un mercado laboral cada vez más digital y automatizado (Flores et al., 2020).

En la educación superior, la Educación 4.0 se plantea como una estrategia clave para preparar a los estudiantes con las competencias esenciales requeridas en un mercado laboral cada vez más competitivo y orientado a la tecnología. Este enfoque no solo implica la adopción de herramientas tecnológicas en el aula, sino también un cambio en las metodologías pedagógicas, promoviendo un aprendizaje activo, colaborativo y centrado en el estudiante (Flores et al., 2020). Según Keser & Semerci (2019), la Educación 4.0 se distingue por la integración de tecnologías digitales avanzadas en el proceso de enseñanza, lo que facilita un enfoque más flexible y adaptado a cada estudiante.

La implementación de la Educación 4.0 en México es especialmente relevante debido a la creciente demanda de profesionales con habilidades en nuevas tecnologías. Según el Instituto Politécnico Nacional, esta iniciativa tiene como objetivo preparar a los futuros profesionales para integrarse de manera efectiva en un mercado laboral donde las tecnologías digitales son fundamentales. No obstante, muchos estudiantes universitarios en zonas como Tepic, Nayarit, aún no tienen una comprensión clara de cómo la Cuarta Revolución Industrial está transformando el ámbito laboral ni de las competencias que necesitarán para adaptarse a estos cambios.

Este estudio se enfoca en explorar cómo perciben los estudiantes de nivel superior en Tepic la Educación 4.0 y su influencia en su formación académica. Entender la perspectiva de los estudiantes sobre estos cambios permitirá a las instituciones educativas identificar áreas clave para mejorar los planes de estudio y para la incorporación de tecnologías emergentes en el aula.

El objetivo principal de esta investigación es examinar la percepción de los estudiantes universitarios en Tepic respecto a la importancia de las tecnologías digitales y la Educación 4.0 en su preparación académica y su orientación hacia el mercado laboral. Entre los objetivos específicos se incluyen

- Identificar la frecuencia y la manera en que los estudiantes utilizan las tecnologías digitales (TICs) en sus actividades académicas y laborales.
- Evaluar la percepción de los estudiantes sobre la influencia de la Educación 4.0 en la mejora de sus competencias para integrarse al mercado laboral.
- Examinar el grado de conocimiento que tienen los estudiantes sobre la Cuarta Revolución Industrial y las tecnologías asociadas.
- Proponer recomendaciones para la implementación efectiva de la Educación 4.0 en las instituciones de educación superior con base en las percepciones y necesidades de los estudiantes.

2. REVISIÓN DE LA LITERATURA

2.1 Evolución de la educación 1.0 a 4.0

La historia de la educación ha estado intrínsecamente ligada a los avances tecnológicos. La transición desde la Educación 1.0, donde la enseñanza se basaba en el acceso unidireccional a la información, hasta la Educación 4.0, centrada en la inteligencia artificial y las tecnologías digitales avanzadas, refleja la evolución de las necesidades educativas y laborales.

En la Educación 1.0, que comenzó alrededor de 1990, los estudiantes desempeñan un papel principalmente pasivo en el aprendizaje, con mínima interacción. La transmisión del conocimiento ocurría de manera unidireccional, del profesor al estudiante; sin embargo, esta dinámica evolucionó con la incorporación de materiales como videos, folletos y kits de aprendizaje, fomentando cierta interacción entre estudiantes y universidades (Keser & Semerci, 2019).

La Educación 2.0 emergió en 2004, marcando un cambio significativo en la forma de compartir conocimiento a través de herramientas como foros, blogs y redes sociales. Este período también introdujo el concepto de "aprendizaje combinado," que integra la enseñanza presencial con tecnología de aprendizaje a distancia (Khe Foon & Kwan, 2018).

Para 2010, la Educación 3.0 consolidó el uso de buscadores web y herramientas tecnológicas para promover el aprendizaje colaborativo y basado en la búsqueda semántica. En esta etapa, "las universidades" dejaron de ser la única fuente de "verdad" y aprendizaje, y la "transmisión de conocimiento" por sí sola comenzó a verse como "insuficiente" (Salmón, 2019).

Finalmente, la Educación 4.0 integra tecnologías emergentes como la realidad aumentada, el Internet de las Cosas y la inteligencia artificial, con un enfoque en el desarrollo de competencias digitales avanzadas, el aprendizaje adaptativo y la personalización (Salmón, 2019).

2.2 Definición y características de la educación 4.0

La Educación 4.0 se presenta como una respuesta innovadora a los retos de la Cuarta Revolución Industrial, promoviendo un modelo educativo que prioriza el uso de tecnologías avanzadas y el desarrollo de competencias esenciales para el siglo XXI. Basada en el aprendizaje autogestionado y el conectivismo , la Educación 4.0 fomenta habilidades clave como la resolución de problemas, la creatividad y la adaptabilidad en un contexto laboral cada vez más digitalizado y globalizado.

Sulbarán (2023) describe la Educación 4.0 como un modelo que emplea las TICs (Tecnologías de la Información y Comunicación) para fomentar un aprendizaje activo, permitiendo que los estudiantes desarrollen competencias orientadas a la resolución de problemas reales. Este enfoque también fortalece el pensamiento divergente, la cooperación y el trabajo colaborativo, creando un ambiente de aprendizaje flexible y adaptado al estudiante. Además, su implementación busca responder a las exigencias del siglo XXI mediante la incorporación de habilidades tecnológicas avanzadas.

Fidalgo Blanco et al. (2022) subrayan que la Educación 4.0 no solo se enfoca en integrar tecnologías, sino que promueve el desarrollo de competencias profesionales esenciales, como la investigación, el análisis de datos y el aprendizaje consciente. Esto permite a los estudiantes adquirir las capacidades necesarias para desempeñarse exitosamente en el mercado laboral. Esta evolución ha mostrado un impacto positivo en el rendimiento académico gracias a su capacidad para personalizar el aprendizaje y ajustarse a las necesidades individuales.

Las características más destacadas de la Educación 4.0 incluyen:

1. **Aprendizaje personalizado:** Las plataformas digitales y las herramientas adaptativas permiten a los estudiantes aprender a su propio ritmo, ajustando los contenidos y estrategias educativas a las necesidades individuales de cada estudiante (Sulbarán, 2023). Esto es fundamental para desarrollar un entorno en el que el estudiante pueda gestionar su propio aprendizaje, siguiendo un enfoque autogestionado (Ponce Ponce, 2016).

2. **Habilidades tecnológicas avanzadas:** Este modelo fomenta el desarrollo de competencias digitales, como la programación, el uso de inteligencia artificial (IA) y big data, esenciales para enfrentar los retos del futuro laboral. Según Ciolacu et al. (2017), la IA desempeña un rol crucial en la educación al facilitar el aprendizaje personalizado y prever el rendimiento estudiantil, utilizando análisis predictivos y tutores inteligentes que optimizan el proceso educativo.

3. **Colaboración e innovación:** Promueve un ambiente de aprendizaje colaborativo en el que los estudiantes trabajan en equipo para resolver problemas complejos. Tecnologías como la RA (Realidad Aumentada) y RV(Realidad Virtual) crean experiencias inmersivas que enriquecen la comprensión de conceptos (León & Viña, 2017; Zhu, 2016). Estas tecnologías permiten la interacción con contenidos virtuales, transformando la enseñanza y el aprendizaje.
4. **Evaluación integral y retroalimentación:** La Educación 4.0 promueve un sistema de evaluación continua basado en la retroalimentación. Esto implica no solo evaluar el conocimiento, sino también las habilidades prácticas adquiridas por los estudiantes, permitiendo un ajuste continuo en el proceso de enseñanza-aprendizaje (Briones García et al., 2023).
5. **Flexibilidad en el aprendizaje:** Este enfoque permite un aprendizaje semipresencial o completamente en línea mediante el uso de la nube y otras tecnologías digitales. Esto facilita la creación, el acceso y la distribución de materiales educativos, brindando a estudiantes y docentes un entorno más flexible (Sánchez, 2015). Además, las plataformas colaborativas permiten la interacción entre estudiantes y profesores, potenciando el trabajo en equipo en entornos virtuales.
6. **Autogestión del aprendizaje:** Uno de los aspectos clave de la Educación 4.0 es el aprendizaje autogestionado, en el que los estudiantes son responsables de su propio proceso educativo. Según Cerda & Osses (2012), los estudiantes deben ser capaces de identificar lo que necesitan aprender y desarrollar habilidades para regular y evaluar su aprendizaje, lo que fomenta una educación más autónoma y personalizada.

7. **Acceso a herramientas de simulación y analítica de datos:** El uso de simuladores y herramientas de learning analytics se ha vuelto esencial en la Educación 4.0. Estas herramientas permiten recopilar y analizar datos sobre el comportamiento y el progreso de los estudiantes, facilitando una enseñanza más personalizada y adaptada a sus necesidades (Aretio, 2017). Además, tecnologías como big data y analytics permiten detectar problemas potenciales en el rendimiento académico y mejorar la experiencia de aprendizaje.

A pesar de las múltiples ventajas de la Educación 4.0, su implementación enfrenta varios desafíos, como la falta de recursos tecnológicos, conectividad y formación docente. Estos obstáculos limitan la capacidad de muchas instituciones para adoptar este modelo y, por ende, para desarrollar competencias digitales en los estudiantes (Briones García et al., 2023). Sin embargo, autores como Llata et al. (2017) subrayan que es imprescindible renovar los enfoques tradicionales de enseñanza para que los estudiantes puedan adquirir habilidades tecnológicas y de innovación que les permitan tener éxito en un mercado laboral cada vez más competitivo.

2.3 Estudios previos sobre la implementación de la educación 4.0

Diversos estudios han evidenciado que la implementación de la **Educación 4.0** mejora las competencias de los estudiantes y su preparación para el mercado laboral. En un estudio realizado por Sánchez (2019), se observó que los estudiantes que participaron en programas educativos basados en la Educación 4.0 adquirieron habilidades avanzadas en el uso de tecnologías digitales, lo que les permitió adaptarse mejor a entornos laborales tecnológicamente avanzados. Esto se alinea con los hallazgos de Fidalgo et al. (2022), quienes describen un modelo estructural de la Educación 4.0 que incluye cuatro componentes esenciales: infraestructura de Cloud Computing, metodologías activas híbridas, ecosistemas tecnológicos, y competencias 4.0 horizontales. Este modelo demuestra que los estudiantes emplean competencias 4.0 de manera colaborativa durante su proceso de aprendizaje, logrando un aumento significativo en el rendimiento académico y fomentando el aprendizaje entre iguales.

Sin embargo, se han identificado varios obstáculos para la adopción de la Educación 4.0, entre los cuales destaca la falta de infraestructura tecnológica adecuada, especialmente en instituciones educativas situadas en regiones rurales. La carencia de recursos tecnológicos y conectividad adecuada limita las oportunidades para que las instituciones implementen metodologías activas y aprovechen al máximo las TICs. Además, muchos docentes no han recibido la capacitación necesaria para integrar eficazmente estas tecnologías en sus clases, lo que genera una resistencia al cambio y perpetúa el uso de métodos de enseñanza tradicionales.

La literatura también enfatiza la importancia de considerar las diferentes tendencias digitales que se proyectan para el futuro de la educación 4.0, como sugirió la UNESCO en 2019. Entre estas tendencias se encuentran el razonamiento para la complejidad, el acceso a plataformas abiertas, el soporte digital, y la creación de nuevas soluciones, que son esenciales para la formación integral de los estudiantes en un mundo laboral en constante cambio (Ramírez Montoya et al., 2022).

Estudios recientes han mostrado que la incorporación de tecnologías de la Industria 4.0 en el ámbito educativo puede transformar los procesos de enseñanza-aprendizaje. Por ejemplo, la inteligencia artificial (IA) se ha vuelto fundamental para personalizar el aprendizaje y optimizar el rendimiento de los estudiantes, lo que permite un enfoque más adaptado a las necesidades individuales. La IA ayuda a identificar nuevas alternativas de enseñanza, utilizando análisis de aprendizaje y modelos predictivos para guiar a los educadores en el desarrollo de contenidos relevantes (Ciolacu et al., 2017).

Adicionalmente, tecnologías como la realidad aumentada (RA) y la realidad virtual (RV) están siendo adoptadas como herramientas efectivas en el aula, ofreciendo experiencias inmersivas que enriquecen el aprendizaje y permiten a los estudiantes explorar conceptos complejos de manera interactiva (Zhu, 2016). Estas tecnologías no solo mejoran el compromiso del estudiante, sino que también favorecen el desarrollo de habilidades críticas, como la innovación y el pensamiento crítico.

A pesar de los múltiples beneficios que ofrece la Educación 4.0, es crucial que las instituciones educativas reconozcan y aborden las barreras a su implementación. La falta de capacitación docente, junto con la resistencia al cambio hacia metodologías más innovadoras, puede obstaculizar la integración efectiva de estas tecnologías en el aula. Alvarado (2022) señala que en Latinoamérica, la falta de talento digital es uno de los principales obstáculos, evidenciado por la existencia de numerosas vacantes laborales que no pueden ser ocupadas debido a la falta de conocimientos tecnológicos entre los egresados.

Un estudio que analizó las bases de datos de organizaciones nacionales e internacionales reveló que el nivel educativo en México es bajo en comparación con otros países, lo que puede comprometer la inserción de la población mexicana en la Cuarta Revolución Industrial (Zazueta López et al., 2023). Este rezago educativo subraya la urgencia de que las IES (Instituciones de Educación Superior) adopten tecnologías avanzadas y enfoques pedagógicos modernos.

Por último, es fundamental que las instituciones educativas trabajen en la formación de estudiantes autónomos y responsables de su propio aprendizaje, lo que implica fomentar el aprendizaje autogestionado. Este enfoque permite a los alumnos identificar sus necesidades educativas y desarrollar habilidades para regular su propio proceso de aprendizaje, preparándose para los desafíos del entorno laboral del siglo XXI (Ponce Ponce, 2016).

En resumen, aunque la Educación 4.0 ofrece una serie de beneficios significativos para la formación de estudiantes, es esencial que las IES en México aborden los desafíos existentes. La inversión en infraestructura tecnológica, la capacitación docente y la actualización de los planes de estudio son pasos cruciales para maximizar el impacto de la Educación 4.0 en el desarrollo de un capital humano preparado para enfrentar los retos de la Cuarta Revolución Industrial.

3. METODOLOGÍA

El enfoque metodológico adoptado para este estudio fue de carácter cualitativo y descriptivo, con el fin de explorar la percepción de los estudiantes sobre la Educación 4.0 y su relevancia en su formación académica. Se implementaron varias fases para la recolección y análisis de datos, asegurando que se abordarán de manera exhaustiva los aspectos clave de la investigación.

3.1 Fase 1: definición de los objetivos del estudio

La primera fase consistió en la definición de los objetivos del estudio. Se establecieron cuatro objetivos principales: explorar la frecuencia de uso de las tecnologías digitales por parte de los estudiantes, evaluar la percepción de los estudiantes sobre la influencia de la Educación 4.0 en su preparación para el mercado laboral, examinar el grado de conocimiento de los estudiantes sobre la Cuarta Revolución Industrial y sus tecnologías asociadas, y proponer recomendaciones para la implementación de la Educación 4.0 en las instituciones de educación superior.

3.2 Fase 2: diseño del instrumento de recolección de datos

El instrumento utilizado para la recolección de datos fue un cuestionario estructurado, diseñado para capturar tanto información cuantitativa como cualitativa. El cuestionario contenía preguntas cerradas que evaluaban la frecuencia de uso de tecnologías digitales y el nivel de conocimiento sobre la Industria 4.0 y las percepciones de los estudiantes sobre la Educación 4.0. El cuestionario fue distribuido a través de una plataforma en línea para facilitar el acceso a los estudiantes (Google Forms).

Para el diseño del instrumento se formularon una serie de preguntas que fueron posteriormente sintetizadas para seleccionar aquellas que mejor se adecuarán al cumplimiento del objetivo. Este proceso se llevó a cabo con la colaboración de un grupo de docentes especializados en áreas como Educación, Tecnologías de la Información, Metodología de la Investigación, Informática y Estadística. Para asegurar la relevancia y precisión de las preguntas, se revisaron y analizaron documentos existentes en la literatura académica pertinente.

El instrumento incluye tres diferentes apartados. En el primer apartado se enfoca en las características del encuestado, para obtener un perfil demográfico de los participantes. El segundo apartado aborda el conocimiento sobre la cuarta revolución industrial y el uso de tecnologías en la vida cotidiana, en este apartado se utilizó la siguiente escala de likert: Nada, Poco, Mucho, Excesivamente.

Por último, el tercer apartado del instrumento se enfoca en la evaluación del plan de estudios y su relevancia para la educación 4.0 y el mercado laboral. Al igual que en el apartado anterior se utilizó una escala de likert (Nada, Poco, Mucho, Demasiado, Excesivamente).

El instrumento se aplicó de manera virtual a un grupo de estudiantes para revisar y eliminar aquellas preguntas que no contribuyeron significativamente al objetivo del estudio. Este proceso permitió refinar y presentar una propuesta viable, la cual se implementó en una muestra piloto. Para la selección de esta muestra, se utilizó un muestreo no probabilístico accidental, contando con la participación de 45 alumnos disponibles. Posteriormente, se realizó un análisis de confiabilidad y consistencia del instrumento, utilizando el coeficiente alfa de Cronbach, cuyos resultados indicaron el nivel de fiabilidad de las preguntas incluidas.

3.3 Fase 3: validación del cuestionario

Una vez elaborado el cuestionario, se procedió a su validación a través de una prueba piloto, cuyo objetivo fue asegurar que el instrumento fuera claro, relevante y comprensible. Durante esta fase, se recopiló feedback detallado de los participantes para identificar posibles problemas en el diseño, ajustar la redacción de las preguntas y mejorar el formato general del cuestionario.

Se evaluó la consistencia interna del cuestionario mediante el coeficiente alfa de Cronbach, un indicador estadístico que mide la fiabilidad de las preguntas. Un valor de alfa de 0.70 se consideró aceptable, lo que indica una coherencia interna adecuada en las preguntas del cuestionario, salvo en el apartado de características del encuestado, que incluyó 7 ítems.

Es importante tener en cuenta que los resultados del alfa de Cronbach pueden variar dependiendo de la muestra evaluada, como señala Streiner (2003), ya que diferentes características demográficas y contextuales pueden influir en los valores obtenidos. Por ello, es fundamental reportar el valor del alfa en cada contexto específico.

Aunque un alfa de Cronbach ideal se sitúa entre 0.80 y 0.90, valores por debajo de 0.80 pueden ser aceptables, siempre que se justifique su uso en función del contexto de la investigación y la falta de alternativas viables (Cortina, 1993). En este estudio, los valores obtenidos fueron adecuados para los propósitos del instrumento, lo que permitió avanzar con la recolección de datos.

3.4 Fase 4: selección de la muestra

La muestra fue seleccionada utilizando un muestreo no probabilístico por conveniencia. La muestra estuvo compuesta por 45 estudiantes universitarios de diversas disciplinas en Tepic, Nayarit. La composición de la muestra fue diversa, incluyendo estudiantes de carreras como ingeniería, administración y ciencias sociales. Esta fase fue crucial para asegurar la representatividad de los estudiantes dentro del contexto de estudio.

3.5 Fase 5: recopilación de datos

La recolección de datos se llevó a cabo mediante la aplicación de un cuestionario a una muestra representativa de estudiantes universitarios en Tepic, Nayarit. Utilizando la plataforma Google Forms, se distribuyeron y recolectaron las respuestas debido a su accesibilidad y facilidad de uso. La plataforma facilitó una distribución eficiente del cuestionario, permitiendo el monitoreo en tiempo real del progreso y la recopilación de datos.

Los participantes recibieron invitaciones para completar el cuestionario dentro de un plazo establecido, y se enviaron recordatorios periódicos para maximizar la tasa de respuesta. Esto permitió monitorear el progreso y asegurarse de que se alcanzara la cantidad deseada de respuestas.

3.6 Fase 6: análisis e interpretación de datos

El análisis de datos se centró en identificar tendencias, patrones y relaciones significativas entre las variables estudiadas mediante técnicas estadísticas descriptivas y análisis cualitativo. Los resultados fueron interpretados para responder a las preguntas de investigación y cumplir los objetivos planteados.

La interpretación permitió comprender cómo interactúan las variables en el contexto educativo y qué implicaciones tienen estos hallazgos para la implementación de la Educación 4.0 en las instituciones de educación superior. A partir de estos resultados, se formularon recomendaciones prácticas para guiar a las instituciones en la adopción de enfoques educativos alineados con los avances tecnológicos y las demandas del mercado laboral.

4. RESULTADOS

De acuerdo a los datos obtenidos sobre una muestra piloto a 45 estudiantes de nivel superior, se presenta el análisis de los resultados obtenidos mediante un cuestionario, siguiendo el orden establecido en el cuestionario.

Son 45 encuestados estudiantes universitarios, 10 (22%) cursa la licenciatura en psicología, 9 (20%) en administración de empresas, 6 (13%) en enseñanza y aprendizaje del español en educación secundaria, administración pública y ciencias políticas con 5 (11%), mientras las licenciaturas de ciencias de la comunicación y administración pública con 4 (18%) estudiantes universitarios cada una, 2 (1%) pertenecen a la licenciatura de ciencias políticas, en las siguientes solo 1 alumno por carrera lo que representa 5 (11%) en criminología, contaduría, contabilidad, contabilidad pública y finanzas y gastronomía.

De acuerdo a los encuestados se tiene una edad promedio de 25 años, el estudiante más jóven tiene 18 años y el mayor de ellos 57 años, con una desviación estándar 9 años, la edad se distribuye de 18 a 21 años son 19 (42%) alumnos, entre 22 a 25 años son 13 (29%), entre 26 y 29 años son 2 (1%), finalmente con más de 30 años son 11 alumnos (28%).

En cuanto al sexo de los alumnos 31 (69%) de los estudiantes son mujeres y 14 (31%) son hombres, en lo que refiere al estado civil 31 (69%) de ellos son solteros, 8 (18%) casados (a) y 6 (13%) de ellos señaló viven en unión libre, en cuestión de hijos 32 (71%) estudiantes afirmo no tener hijos, 6 (13%) dos hijos, 4 (9%) tres hijos, y 3 (7%) un hijo.

De acuerdo a la pregunta ¿Había escuchado hablar de la Cuarta Revolución Industrial?, las respuestas se concentraron en poco 22 (49%), 19 (42%) nada y 4 (9%) Mucho.

De la pregunta ¿En qué medida utiliza aparatos tecnológicos (tic´s) en tu entorno laboral o estudiantil?, las respuestas fueron las siguientes 32 (71%) mucho, 9 (20%) excesivamente y 4 (9%) poco.

En cuanto a la pregunta ¿En qué medida facilita la realización de sus actividades?, las respuestas de los estudiantes fueron, 33 (73%) mucho, 9 (20%) excesivamente, y 3 (7%) poco.

De la pregunta ¿En qué medida utiliza aparatos tecnológicos (tic´s) en su hogar?, las respuestas refirieron 30 (67%) mucho, 9 (20%) poco y 6 (13%) excesivamente.

Siguiendo con la pregunta ¿En qué medida se incorpora el uso de aparatos tecnológicos (tic´s) más en tu día a día?, las respuestas fueron 34 (75%) mucho, 8 (18%) poco y 3 (7%) excesivamente.

En la pregunta ¿En qué medida se considera dependiente de los aparatos tecnológicos (tic´s)?, las respuestas arrojan 19 (42%) poco, 23 (51%) mucho y 3 (7) excesivamente.

De acuerdo a la pregunta ¿En qué medida considera que ha avanzado el uso de aparatos tecnológicos (tic´s)?, las respuestas concretaron 23 (51%) mucho, 19 (42%) excesivamente y 3 (8%) poco.

De la pregunta ¿En qué medida los aparatos tecnológicos (tic´s) benefician a la sociedad?, las respuestas fueron las siguientes 32 (71%) mucho, 12 (27%) excesivamente y 1 (2%) poco.

En la pregunta ¿En qué medida los aparatos tecnológicos (tic´s) amenacen a la sociedad?, las respuestas fueron 23 (51%) mucho, 13 (29%) poco, 8 (19%) excesivamente y 1 (2%) nada.

Siguiendo con la pregunta ¿Te gustaría disminuir el uso de la tecnología en tu vida? las respuestas fueron las siguientes, 28 (62%) poco, 10 (22%) mucho y 7 (16%) nada.

De acuerdo a la pregunta ¿En qué medida cree que la educación 4.0 es fundamental para la educación?, las respuestas refirieron 34 (76%) mucho, 9 (20%) poco y 2 (4%) excesivamente.

De la pregunta ¿En qué medida crees que la educación 4.0 ha traído cambios en los puestos laborales?, las respuestas arrojaron 34 (76%) mucho, 7 (15%) excesivamente y 4 (9 %) poco.

En la pregunta ¿Conoces tu plan de estudio?, las respuestas fueron, 23 (51%) mucho, 15 (33%) poco, 4 (9%) demasiado y 3 (7%) excesivamente.

Siguiendo con la pregunta ¿Crees que las materias que te imparten están vinculadas con la educación 4.0?, las respuestas concentraron 18 (40%) mucho, 17 (38%) poco, 9 (20%) demasiado y 1 (2%) nada.

De acuerdo a la pregunta ¿Crees que los temas de tus materias están de acuerdo al mercado laboral?, las respuestas refirieron, 25 (56%) mucho, 10 (22%) poco, 8 (18) demasiado, 1 (2%) excesivamente y 1 (2%) nada.

De la pregunta ¿Crees que lo que te están enseñando tus maestros te servirá en un empleo?, las respuestas arrojaron 16 (36%) mucho, 15 (33%) demasiado, 8 (18%) poco y 6 (13%) excesivamente.

En cuanto a la pregunta ¿Crees que la educación superior en Tepic carece de información de educación 4.0?, las respuestas de los estudiantes fueron, 25 (56%) poco, 14 (31%) mucho, 4 (9%) demasiado y 2 (4%) excesivamente.

Y en la pregunta ¿En qué medida se ve afectada tu carrera sin el conocimiento adecuado de educación 4.0?, las respuestas fueron las siguientes, 22 (49%) mucho, 12 (27%) poco, 9 (20%) demasiado y 2 (4%) excesivamente.

5. DISCUSIÓN

Los resultados obtenidos del cuestionario aplicado a estudiantes universitarios en Tepic, Nayarit, ofrecen una visión clara sobre cómo las tecnologías digitales y la Educación 4.0 están impactando el entorno académico y la preparación para el mercado laboral. A pesar del uso extendido de las TICs en las actividades cotidianas, el conocimiento sobre la Cuarta Revolución Industrial es limitado, lo que pone de manifiesto la necesidad de una mayor integración de estas tecnologías emergentes en los planes de estudio.

Uno de los hallazgos más destacados es la dependencia de las TICs por parte de los estudiantes, con un 71% de los encuestados utilizando estas tecnologías de manera significativa en sus actividades académicas y laborales. Este resultado es coherente con estudios previos que señalan la creciente importancia de las TICs en la educación superior (Briones García, et al., 2023). Sin embargo, la falta de conocimiento sobre la Cuarta Revolución Industrial, con un 49% de los estudiantes habiendo escuchado poco o nada sobre este concepto, refleja una brecha preocupante entre la tecnología utilizada en la vida cotidiana y el entendimiento de su impacto a nivel global.

Este hallazgo es consistente con investigaciones previas que sugieren que las instituciones educativas en regiones como Tepic aún no han adoptado completamente las prácticas y conceptos de la Educación 4.0 (Flores et al., 2020). A pesar de que un 76% de los estudiantes reconoce la importancia de la Educación 4.0 para su formación profesional, un 56% percibe que la educación superior carece de información adecuada sobre esta área. Esto revela un desafío significativo para las universidades en cuanto a actualizar y alinear sus currículos con las demandas del mercado laboral, que requiere competencias avanzadas en tecnologías emergentes como la inteligencia artificial y el análisis de big data.

La percepción dual sobre las TICs también es un punto a destacar. Mientras que la mayoría de los estudiantes aprecia los beneficios que ofrecen estas tecnologías, un 51% las percibe como una amenaza, lo que coincide con preocupaciones globales sobre los efectos negativos de la dependencia tecnológica, como el aislamiento social o el riesgo de pérdida de empleos por la automatización (Sánchez Guzmán, 2019). Esto subraya la necesidad de que las universidades no solo enseñen el uso de las TICs, sino que también promuevan una educación crítica sobre sus posibles implicaciones y desafíos.

Además, los resultados muestran que los estudiantes tienen un gran interés en aprender nuevas tecnologías, con un 75% mostrando disposición para integrar más TICs en su vida académica. Este dato es alentador, ya que indica una apertura hacia la Educación 4.0 y sugiere que, si las universidades ofrecen la formación adecuada, los estudiantes estarán dispuestos a aprovechar estas oportunidades para mejorar sus competencias y habilidades.

Estos resultados son consistentes con las conclusiones de investigaciones como las de Calvo Fonseca (2020), donde se destaca la importancia de la integración de recursos educativos abiertos y plataformas digitales en la formación de estudiantes. Sin embargo, para maximizar los beneficios de esta disposición hacia las TICs, es crucial que las instituciones educativas se adapten rápidamente a las nuevas demandas tecnológicas y ofrezcan programas actualizados que preparen a los estudiantes para el mercado laboral moderno.

En resumen, los hallazgos de este estudio confirman la hipótesis de que existe una brecha entre el uso de tecnologías digitales en el ámbito académico y el conocimiento profundo sobre la Cuarta Revolución Industrial. Las universidades deben cerrar esta brecha actualizando sus currículos, integrando más formación en tecnologías emergentes, y ofreciendo programas que no solo enseñan el uso de las TICs, sino que también preparan a los estudiantes para los desafíos y oportunidades de la Educación 4.0.

6. CONCLUSIONES Y RECOMENDACIONES

A partir de los resultados obtenidos del cuestionario aplicado a estudiantes universitarios en Tepic, Nayarit, se identificaron varias conclusiones clave sobre la percepción de la Educación 4.0 y el uso de tecnologías digitales en su formación académica y preparación para el mercado laboral.

En general, aunque una proporción significativa de los estudiantes no está completamente familiarizada con la Cuarta Revolución Industrial, existe un uso extendido de tecnologías digitales en su entorno académico y laboral, así como una percepción positiva de su impacto. La mayoría de los estudiantes reconoce la importancia de integrar la Educación 4.0 en los planes de estudio para mejorar sus competencias profesionales.

De acuerdo a cada uno de los objetivos específicos se concluye lo siguiente:

- **Uso de TICs en actividades académicas y laborales**: El 71% de los estudiantes utiliza TICs de manera significativa, y el 73% considera que estas tecnologías facilitan sus actividades diarias, subrayando su integración en la vida académica y laboral.
- **Influencia de la Educación 4.0 en el desarrollo de competencias**: El 76% de los estudiantes valora la Educación 4.0 como esencial para su formación, aunque un 56% percibe que la educación superior en Tepic no ofrece suficiente información sobre este concepto, evidenciando una brecha entre la oferta educativa y las demandas del mercado laboral.
- **Dependencia y percepción de las TICs**: El 51% de los estudiantes se considera dependiente de las TICs, y un 71% reconoce sus beneficios. No obstante, el 51% también las percibe como una amenaza, mostrando una percepción dual sobre su impacto.
- **Interés en aprender nuevas tecnologías**: Un 75% de los estudiantes está interesado en aprender más sobre TICs, y el 62% no desea reducir su uso, lo que refleja una disposición favorable hacia la educación continua en tecnologías digitales.

Conocimiento de la Cuarta Revolución Industrial: Un alto porcentaje de estudiantes (49%) había escuchado poco sobre la Cuarta Revolución Industrial, y un 42% no había escuchado nada al respecto. Esto indica una falta de difusión y conocimiento sobre este tema crucial en el ámbito académico.

Finalmente, aunque un alto porcentaje de estudiantes utiliza tecnologías digitales, solo una minoría reconoce la relevancia de la Educación 4.0 en sus estudios. Esto confirma la hipótesis de que la falta de inclusión de información sobre la

Educación 4.0 en los planes de estudio contribuye a un conocimiento limitado de este concepto.

RECOMENDACIONES

Es fundamental que las instituciones educativas de Tepic amplíen la difusión sobre la Cuarta Revolución Industrial para preparar adecuadamente a los estudiantes frente a los retos tecnológicos y laborales. Las universidades deben actualizar sus planes de estudio, incorporando tecnologías emergentes como la inteligencia artificial, big data y programación, alineando los currículos con las necesidades del mercado. Asimismo, es necesario que las metodologías de enseñanza se adapten para ser más dinámicas e interactivas, incentivando una mayor participación de los estudiantes en su proceso de aprendizaje.

Se recomienda la implementación de programas de formación sobre Educación 4.0 tanto para estudiantes como docentes, enfocándose en el uso práctico de las TICs en diversas disciplinas. Además, es crucial fomentar una cultura de innovación y adaptabilidad en las instituciones, impulsando competencias como la creatividad y el pensamiento crítico. El fortalecimiento de la enseñanza de TICs a través de cursos y talleres avanzados, así como la capacitación constante de los docentes en el uso de estas tecnologías, es esencial para asegurar que los estudiantes adquieran las habilidades necesarias para ser competitivos en el entorno laboral actual.

7. NUEVAS LÍNEAS DE INVESTIGACIÓN

Esta investigación destaca la relevancia de la Educación 4.0 y las tecnologías emergentes en la formación universitaria, pero también revela áreas que requieren mayor análisis para mejorar su implementación e impacto. Se proponen futuras líneas de investigación, como el impacto de la Educación 4.0 en distintas disciplinas, la efectividad de metodologías basadas en estas tecnologías, y los factores que influyen en la adopción de TICs. Además, se sugiere realizar comparaciones internacionales sobre la implementación de la Educación 4.0, investigar la capacitación docente en TICs y su efecto en la enseñanza, así como evaluar la percepción de la Cuarta Revolución Industrial y el impacto de las TICs en el rendimiento académico.

8. BIBLIOGAFÍA

Alvarado, L. (2022, diciembre 6). Educación digital, una herramienta decisiva para América Latina en el siglo XXI. El Heraldo.

Educación digital, una herramienta decisiva para América Latina en el siglo XXI (elheraldo.hn)

Aretio, L. G. (2017). Educación a distancia y virtual: calidad, disrupción, aprendizajes adaptativo y móvil. RIED. Revista Iberoamericana de Educación a Distancia, 20(2). 9-25. Recuperado de: https://www.redalyc.org/pdf/3314/331453132001.pdf

Baena, F., Guarin, A., Mora, J., Sauza, J., Retat, S. (2017). Learning Factory: The Path to Industry 4.0.

Briones García , N. M., García , B. G., Rodríguez García , M. A., Endara Saltos, J. K., Endara Saltos, J. K., Endara Saltos, J. K., & Mora Cedeño, J. L. (2023). La Educación 4.0 para fomentar el Aprendizaje Autogestionado en los Estudiantes de Bachillerato de la Unidad Educativa Juan Antonio Vergara Alcívar. Ciencia Latina Revista Científica Multidisciplinar, 7(6), 570-588. https://doi.org/10.37811/cl_rcm.v7i6.8711

Calvo Fonseca, J. R. (2020). La educación 4.0 en México. Reflexiones y propuestas desde la educación superior. Universidad de Ciencias y Artes de Chiapas; Corporación Universitaria Minuto de Dios. https://hdl.handle.net/10656/12697

Cerda, C., & Osses, S. (2012). Aprendizaje autodirigido y aprendizaje autorregulado: Dos conceptos diferentes. Revista médica de Chile, 140(11). https://www.scielo.cl/scielo.php?script=sci_arttext&pid=S0034-98872012001100020&lng=en&nrm=iso&tlng=en

Ciolacu, M., Tehrani, A. F., Beer, R., & Popp, H. (2017, October). Education 4.0—Fostering student's performance with machine learning methods. In 2017 IEEE 23rd International Symposium for Design and Technology in Electronic Packaging (SIITME) (pp. 438-443). IEEE.

Cortina, J. M. (1993). What is coefficient alpha? An examination of theory and applications. Journal of applied psychology, 78(1), 98.

Dash, D., Farooq, R., Panda, J. S. y Sandhyavani, K. V. (2019), “Internet of Things (IoT): The New Paradigm of HRM and Skill Development in the Fourth Industrial Revolution (Industry 4.0)”, en: IUP Journal of Information Technology, vol. 15, núm. 4, pp. 7–30.

Fidalgo-Blanco, Ángel, Sein-Echaluce, M. L., & García-Peñalvo, F. J. (2022). Método basado en Educación 4.0 para mejorar el aprendizaje: lecciones aprendidas de la COVID-19. RIED-Revista Iberoamericana de Educación a Distancia, 25(2), 49–72. https://doi.org/10.5944/ried.25.2.32320

Flores, D., Guzmán, F., Martínez, Y., Ibarra, E., y Alvear, E. (2020). Contribuciones de la tecnología digital en el desarrollo educativo y social. En Redine (coord.), Educación 4.0. Origen para su fundamentación. Adaya Press. http://www.adayapress.com/wp-content/uploads/2020/09/contec.pdf

Keser, H. & Semerci, A. (2019). Technology trends, Education 4.0 and beyond. Contemporary Educational Researches Journal. 9(3), 39-39. https://doi.org/10.18844/cerj.v9i3.4269

Khe Foon, H.E.W., & Chung Kwan, L.O. (2018). Flipped classroom improves student learning in health professions education: A meta–analysis. BMC

León Rodriguez, G. D. L. C., & Viña Brito, S. M. (2017). La inteligencia artificial en la educación superior. Oportunidades y amenazas. Recuperado de: https://repositorio.uide.edu.ec/bitstream/37000/3507/3/document%20%2829%29.pdf.

Llata, J. R., González Sarabia, E., Torre Ferrero, C., & Sancibrian, R. (2017). Educación en automática e industria 4.0 mediante la aplicación de tecnologías 3D. Actas de las XXXVIII Jornadas de Automática. Recupardo de: http://digibuo.uniovi.es/dspace/bitstream/10651/46531/2/ActasJA2017_JLlataetal.pdf

Ponce Ponce, M. E. (2016). La autogestión para el aprendizaje en estudiantes de ambientes mediados por tecnología. Diálogos sobre educación, 7(12). http://dialogossobreeducacion.cucsh.udg.mx/index.php/DSE/article/view/258

Ramírez Montoya, M. S., McGreal, R., & Obiageli Agbu, J.-F. (2022). Horizontes digitales complejos en el futuro de la educación 4.0: luces desde las recomendaciones de UNESCO. *RIED-Revista Iberoamericana de Educación a Distancia,* *25*(2), 09–21. https://doi.org/10.5944/ried.25.2.33843

Salmon, G. (2019). May the Fourth Be with you: Creating Education 4.0. Journal of Learning for DevelopmentJL4D, 6(2).

Sánchez, S. M. T. (2015). Educación en la nube. Un nuevo reto para los docentes de Educación Media Superior. Revista Iberoamericana para la Investigación y el Desarrollo Educativo, (10). Recuperado de: http://111.ride.org.mx/index.php/RIDESECUNDARIO/article/viewFile/295/288

Sánchez Guzmán, Daniel. (2019). Industria y educación 4.0 en México: un estudio exploratorio. Journal Educational Innovation/Revista Innovación Educativa, 19(81). https://www.ipn.mx/assets/files/innovacion/docs/Innovacion-Educativa-81/industria-y-educacion-4-0.pdf

Sulbarán, I. (2023, junio 22). ¿Qué es la educación 4?0? Características y beneficios. Tiffin University. https://global.tiffin.edu/noticias/educacion-4-0-caracteristicas-y-beneficios

Streiner, D. L. (2003). Being inconsistent about consistency: When coefficient alpha does and doesn't matter. Journal of personality assessment, 80(3), 217-222.

Zazueta López, D. E., López Leyva, S., & Romero-Rubio, S. A. (2023). La necesidad de una educación 4.0 en México para adentrarse en la industria 4.0. *Revista De Investigación En Tecnologías De La Información,* *11*(24), 62–75. https://doi.org/10.36825/RITI.11.24.006

Zhu, K. (2016). Virtual reality and augmented reality for education: panel. In SIGGRAPH ASIA 2016 symposium on education: Talks (pp. 1-2)

ANEXO A: CUESTIONARIO APLICADO

Apartado 1. Características del encuestado.

1. ¿Eres estudiante?
2. ¿Nombre de la carrera que estás estudiando?
3. Edad (años)
4. Sexo Hombre/Mujer
5. Grado escolar Licenciatura, Especialidad, Maestría o Doctorado
6. Estado civil
7. ¿Tienes hijos? 0/1/2/3/4/5

Apartado 2. Cuarta revolución industrial y el uso de tecnologías en la vida cotidiana

1. ¿Había escuchado hablar de la Cuarta Revolución Industrial?
2. ¿En qué medida utiliza aparatos tecnológicos (tic´s) en tu entorno laboral o estudiantil?
3. ¿En qué medida facilita la realización de sus actividades?
4. ¿En qué medida utiliza aparatos tecnológicos (tic´s) en su hogar?
5. ¿En qué medida se incorpora el uso de aparatos tecnológicos (tic´s) más en tu día a día?
6. ¿En qué medida se considera dependiente de los aparatos tecnológicos (tic´s)?
7. ¿En qué medida considera que ha avanzado el uso de aparatos tecnológicos (tic´s)?
8. ¿En qué medida los aparatos tecnológicos (tic´s) benefician a la humanidad?
9. ¿En qué medida los aparatos tecnológicos (tic´s) amenacen a la humanidad?

10. ¿Te gustaría disminuir el uso de la tecnología en tu vida?
11. ¿En qué medida cree que la educación 4.0 es fundamental para la educación?
12. ¿En qué medida crees que la educación 4.0 ha traído cambios en los puestos laborales?

Apartado 3. Evaluación del plan de estudios y su relevancia para la educación 4.0-

13. ¿Conoces tu plan de estudio?
14. ¿Crees que las materias que te imparten están vinculadas con la educación 4.0?
15. ¿Crees que los temas de tus materias están de acuerdo al mercado laboral?
16. ¿Crees que lo que te están enseñando tus maestros te servirá en un empleo?
17. ¿Crees que la educación superior en Tepic carece de información de educación 4.0?
18. ¿En qué medida se ve afectada tu carrera sin el conocimiento adecuado de educación 4.0?

Capítulo 4

Gestión de la innovación en educación: evaluando el uso de chat GPT en estudiantes universitarios

DR. JUAN ANTONIO MEZA FREGOSO*
juanmezaf@uabc.edu.mx
DRA. ANA TERESA SIFUENTES OCEGUEDA**
anat.sifuentes@uan.edu.mx
DRA. LAURA ESTHER GARCÍA GÓMEZ***
laura.garcia@uan.edu.mx
DR. RICARDO FERNANDO ROSALES CISNEROS*
ricardorosales@uabc.edu.mx

**Facultad de contaduría y administración, Universidad Autónoma del Estado de Baja California*

***Unidad de contaduría y administración, Universidad Autónoma de Nayarit*

****Unidad Académica de Ciencias sociales Universidad Autónoma de Nayarit*

RESUMEN: El propósito de esta investigación es analizar el uso, la percepción y los factores que influyen en la adopción de herramientas de inteligencia artificial (IA), enfocándose especialmente en ChatGPT, entre estudiantes universitarios, evaluando el impacto de estas herramientas en el aprendizaje y el rendimiento académico. A través de un diseño de investigación mixto, combinando métodos cuantitativos y cualitativos, para explorar con mayor profundidad tanto las percepciones individuales como los patrones generales en el uso de ChatGPT. Los datos se recopilaron mediante encuestas estructuradas dirigidas a una muestra de estudiantes universitarios de diversas disciplinas.

La muestra fue calculada con un nivel de significancia del 95% y un margen de error del 5%, lo que garantiza representatividad en los resultados. Los hallazgos indican que ChatGPT es percibido positivamente por los estudiantes, quienes consideran que mejora su comprensión y organización de ideas, además de agilizar la realización de tareas académicas. Sin embargo, se identificaron barreras importantes para su adopción, como el desconocimiento de la herramienta y la falta de acceso. Adicionalmente, el análisis revela que un uso excesivo de IA podría contribuir a la dependencia tecnológica, afectando el desarrollo de habilidades críticas.Se concluye que, aunque ChatGPT es una herramienta eficaz para optimizar el aprendizaje y mejorar el rendimiento académico, su uso debe ser equilibrado para evitar impactos negativos en competencias cognitivas esenciales. Los resultados resaltan la necesidad de estrategias de integración de la IA en el entorno académico, las cuales deben enfocarse en capacitar a los estudiantes y profesores en el uso adecuado de estas herramientas.

Palabras clave: Inteligencia artificial, ChatGPT, Educación superior, Rendimiento académico.

ABSTRACT: The purpose of this research is to analyze the use, perception, and factors that influence the adoption of artificial intelligence (AI) tools, focusing especially on ChatGPT, among university students, evaluating the impact of these tools on learning and academic performance. Through a mixed research design, combining quantitative and qualitative methods, to explore in greater depth both individual perceptions and general patterns in the use of ChatGPT. Data were collected through structured surveys aimed at a sample of university students from various disciplines. The sample was calculated with a significance level of 95% and a margin of error of 5%, which guarantees representativeness in the results. The findings indicate that ChatGPT is perceived positively by students, who consider that it improves their understanding and organization of ideas, as well as speeding up the completion of academic tasks. However, important barriers to its adoption will be identified, such as lack of knowledge of the tool and lack of access. Furthermore, the analysis reveals that excessive use of AI could contribute to technological dependence, affecting the development of critical skills. It is concluded that, although ChatGPT is an effective tool to optimize learning and improve academic performance, its use must be balanced to avoid negative impacts on essential cognitive skills. The results highlight the need for AI integration strategies in the academic environment, which should focus on training students and teachers in the proper use of these tools.

Keywords: Artificial intelligence, ChatGPT, Higher education, Academic performance.

INTRODUCCIÓN

La rápida evolución de las tecnologías emergentes, especialmente en inteligencia artificial (IA), está transformando sectores clave, y la educación no es una excepción. Herramientas de IA como ChatGPT, un modelo de lenguaje natural desarrollado por OpenAI, han ganado relevancia en el ámbito educativo por su capacidad para generar respuestas coherentes y relevantes a partir de preguntas formuladas en lenguaje natural. Esto ha despertado un creciente interés en su aplicación en universidades, donde se considera una herramienta de apoyo que facilita tanto el aprendizaje autónomo como la enseñanza asistida. Estudios previos indican que ChatGPT, empleado en asignaturas de tecnología y otras áreas académicas, ha demostrado ser efectivo en la mejora del rendimiento académico, además de ser bien recibido por los estudiantes debido a su capacidad para personalizar el aprendizaje y facilitar la resolución de problemas complejos.

Diversos estudios recientes han explorado el impacto de ChatGPT en entornos educativos. Díaz et al. (2023) y Franco y Rea (2023) reportan resultados positivos en términos de rendimiento académico y percepción estudiantil. Sin embargo, los estudios también advierten sobre las limitaciones de este tipo de IA, que incluyen posibles afectaciones en habilidades cognitivas y la importancia de una implementación equilibrada. Otros investigadores, como Abbas et al. (2024), sugieren que un uso excesivo de ChatGPT podría derivar en conductas de procrastinación y pérdida de memoria, resaltando la importancia de complementar su uso con métodos educativos tradicionales.

Ante el creciente uso de herramientas de IA en entornos universitarios, surge la pregunta: ¿Cuáles son las percepciones, barreras y niveles de adopción de herramientas de IA, como ChatGPT, entre estudiantes universitarios, y cómo impactan en su rendimiento y experiencia académica?

El objetivo general de esta investigación es analizar el uso, la percepción y los factores que influyen en la adopción de herramientas de inteligencia artificial (IA), con un enfoque particular en ChatGPT, entre estudiantes universitarios, evaluando cómo impacta en su proceso de aprendizaje y en su rendimiento académico. Para lograr este objetivo, se plantean varios objetivos específicos: en primer lugar, identificar el nivel de conocimiento y el grado de uso de herramientas de IA entre los estudiantes; en segundo lugar, examinar las percepciones y actitudes que tienen respecto al impacto de estas tecnologías en su aprendizaje; en tercer lugar, determinar las principales barreras que pueden dificultar la adopción de ChatGPT y otras herramientas de IA en este contexto. Adicionalmente, se busca evaluar de manera detallada cómo ChatGPT influye en el rendimiento académico de los estudiantes, y finalmente, proponer estrategias que faciliten una integración efectiva de las herramientas de IA en el entorno académico, optimizando sus beneficios para la formación universitaria.

El interés en herramientas de IA como ChatGPT se ha visto incrementado a raíz de su potencial para transformar los métodos educativos tradicionales, proporcionando a los estudiantes apoyo constante y personalizado. Sin embargo, su implementación también plantea retos, tales como el riesgo de dependencia tecnológica y las posibles repercusiones en habilidades críticas y analíticas, fundamentales en la educación superior. Es crucial entender no solo los beneficios que herramientas como ChatGPT pueden ofrecer, sino también los desafíos asociados con su uso, para garantizar un equilibrio entre innovación y el desarrollo de competencias fundamentales en los estudiantes.

Este estudio se desarrolla en varias secciones. Primero, se expone el marco teórico, que incluye una revisión de la literatura relevante sobre la IA en la educación. Posteriormente, se describe la metodología empleada para recopilar y analizar los datos. Luego, se presentan los resultados del estudio y, finalmente, se discuten las implicaciones de estos hallazgos, concluyendo con recomendaciones prácticas para la adopción de herramientas de IA en el ámbito universitario.

GENERALIDADES DEL PROYECTO

Antecedentes

La influencia de las tecnologías emergentes en el sector educativo ha sido un tema de amplio debate y estudio en los últimos años. Una de las herramientas que ha captado gran atención es ChatGPT, un modelo de lenguaje natural desarrollado por OpenAI que ha demostrado un potencial considerable para influir en el aprendizaje universitario. Esta herramienta, basada en inteligencia artificial, tiene la capacidad de producir texto coherente en respuesta a diversas preguntas, lo que la convierte en una solución atractiva para apoyar tanto el aprendizaje como la enseñanza en las universidades.

Se realizó una investigación comparativa experimental por parte de Díaz et al. (2023), Se investigó el uso de ChatGPT en la licenciatura de Tecnologías de la Información en la Universidad de Guayaquil. Para el estudio, se requirió de dos grupos de estudiantes: uno empleó ChatGPT y el otro no. Los resultados mostraron que esta herramienta es un recurso didáctico efectivo, elevando notablemente la productividad académica. Asimismo, los estudiantes tuvieron una percepción positiva de ChatGPT, observando mejoras en su capacidad de aprendizaje y en la eficacia para resolver problemas académicos. No obstante, los autores destacan la importancia de realizar investigaciones adicionales con una muestra mayor para evaluar los efectos a largo plazo.

De forma similar, Franco y Rea (2023) en su trabajo de titulación en la Universidad Politécnica Salesiana, analizaron el uso de ChatGPT en diversas instituciones educativas en Guayaquil. A través de encuestas a estudiantes universitarios, identificaron que ChatGPT mejora el rendimiento educativo, al ofrecer aprendizaje más personalizado. Los estudiantes destacaron que esta herramienta les permitió entender mejor los conceptos académicos y les ayudó a mejorar su rendimiento académico, aunque se señalan desafíos relacionados con la dependencia de la tecnología y la necesidad de complementar su uso con métodos tradicionales de enseñanza.

En otro estudio, Cueva (2023), evaluó el efecto de ChatGPT en el rendimiento educativo en estudiantes de Ingeniería de Sistemas en Lima Norte. Sus resultados revelaron que los estudiantes que utilizaron ChatGPT experimentaron mejoras en su rendimiento académico. Los estudiantes también expresaron una percepción positiva hacia la herramienta, especialmente en términos de su capacidad para facilitar la resolución de problemas complejos y su utilidad como tutor personalizado.

Por otro lado, autores como Abbas et al. (2024), examinaron las posibles consecuencias dañinas o beneficiosas de usar el ChatGTP considerando factores como la carga académica y la presión del tiempo, encontrando que una mayor carga académica y presión del tiempo se correlacionan con un mayor uso de ChatGPT, lo que a su vez se relaciona con la procrastinación y la pérdida de memoria, por lo que recomiendan un uso equilibrado de la IA en la educación.

Así mismo, Ayuso et al. (2022) en su estudio "La Inteligencia Artificial como recurso educativo durante la formación inicial del profesorado" analizaron la influencia de la IA para la formación docente, considerando su potencial para mejorar enseñanza y encontraron que la IA en la formación docente para maximizar su efectividad.

Por lo que, el avance acelerado de la inteligencia artificial ha propiciado la integración de herramientas como ChatGPT en entornos académicos, donde se espera que los estudiantes utilicen tecnologías que les permitan mejorar su rendimiento académico y ser más productivos. Según lo que se ha observado, los estudiantes universitarios de las áreas tecnológicas han sido los primeros en experimentar estos avances, y las investigaciones preliminares indican que esta tecnología tiene un impacto positivo, aunque no está exenta de limitaciones. La falta de estudios a largo plazo y de investigaciones en contextos educativos más diversos sugiere la necesidad de un análisis más exhaustivo y generalizable.

Planteamiento del problema

En la actualidad, la IA está desempeñando un papel importante dentro de diversos sectores, siendo la educación uno de los ámbitos más impactados. Herramientas como ChatGPT, que permiten la generación de texto y la interacción conversacional, han emergido como recursos potencialmente transformadores en el proceso educativo. Sin embargo, aunque su uso se está expandiendo rápidamente, existe una falta de comprensión sobre la afectación de las tecnologías en el rendimiento de los universitarios y sus percepciones sobre la educación superior.

Considerando que esta investigación se centra en: ¿Cuáles son las percepciones, barreras y niveles de adopción de herramientas de inteligencia artificial, como ChatGPT, entre los estudiantes de nivel superior, y cómo impactan en su rendimiento y experiencia académica?

A medida que las instituciones educativas integran tecnologías de IA en sus currículos, es fundamental investigar no solo los beneficios que estas herramientas pueden ofrecer, la adaptación del aprendizaje y el acceso a información instantánea, sino también los posibles desafíos y preocupaciones que los estudiantes puedan experimentar. Entre estos se encuentran el riesgo de dependencia excesiva, la calidad de la información proporcionada y el impacto en las habilidades críticas y analíticas de los estudiantes.

Objetivos de la investigación

Objetivo General: Analizar el uso, la percepción y los factores que influyen en la adopción de herramientas de inteligencia artificial, particularmente ChatGPT, entre estudiantes universitarios, evaluando su impacto en el aprendizaje y el rendimiento académico.

Objetivos Específicos:

1. Identificar el nivel de conocimiento y uso de herramientas de inteligencia artificial.
2. Examinar las percepciones y actitudes de los estudiantes hacia el impacto de la inteligencia artificial.
3. Determinar las principales barreras para la adopción de ChatGPT y otras herramientas de IA..
4. Evaluar el impacto de ChatGPT en el rendimiento académico de los estudiantes.
5. Proponer estrategias para la integración efectiva de herramientas de IA en el entorno académico.

Justificación

La irrupción de la IA en el campo educativo ha transformado la manera de enseñar y aprender. Este fenómeno ha cobrado relevancia en la pandemia de COVID-19, que obligó a las instituciones educativas a adoptar rápidamente modalidades de aprendizaje remoto. Durante este periodo, las herramientas de IA, como ChatGPT, se convirtieron en aliados indispensables para estudiantes y docentes, facilitando el acceso a información, recursos educativos de manera instantánea y personalizada. Según Chen et al. (2020), la inteligencia artificial (IA), incluido ChatGPT, permite un aprendizaje autónomo y adaptable, lo que es crucial en la educación superior al ofrecer herramientas que pueden personalizar la enseñanza y el seguimiento de estudiantes de manera eficiente. Este tipo de tecnología genera oportunidades para la personalización y la eficiencia en los procesos de enseñanza y aprendizaje, al mismo tiempo que introduce desafíos en la administración educativa y en la integridad académica lo que destaca mayor compromiso ético de las universidades (Gallent et al., 2023)

El creciente uso de tecnologías de inteligencia artificial (IA) en la educación plantea preguntas importantes sobre sus efectos en la aptitud escolar y las percepciones estudiantiles. Comprender cómo la IA influye en la educación es crucial por diversas razones. Primero, la adaptación a nuevos modos de aprendizaje se ha acelerado con la pandemia, llevando a un aumento del aprendizaje en línea y la educación híbrida. Analizar cómo la IA puede mejorar la experiencia educativa ayudará a adaptar estas herramientas a las necesidades individuales de los estudiantes.

Además, investigar el uso de la IA permite identificar tanto beneficios como limitaciones, crucial para optimizar su implementación y para diseñar estrategias educativas efectivas que integren la IA, como programas de capacitación para docentes y directrices para estudiantes sobre el uso responsable de estas tecnologías. También, comprender el impacto de la IA puede facilitar su adopción y aceptación por parte de la comunidad educativa, mostrando cómo puede mejorar tanto el rendimiento académico como la experiencia educativa en general. Finalmente, estos estudios enriquecen el conocimiento existente y aportan datos empíricos vitales para entender cómo implementar la IA en diversos entornos educativos.

Estudiar el efecto de la IA en la educación es esencial para maximizar su potencial y mitigar sus desafíos. Esta investigación no solo proporcionará una base sólida para futuras políticas educativas, sino que también contribuirá al desarrollo de una educación más inclusiva, personalizada y efectiva en la era digital.

REVISIÓN LITERARIA

La IA se sustenta en conocimientos de diversas disciplinas, como informática, matemáticas, lógica, psicología y lingüística. Se distinguen dos tipos principales: la IA débil, que se compone de sistemas orientados a realizar tareas específicas en un contexto limitado, como el reconocimiento de rostros o la traducción de idiomas; y la IA fuerte, que hace referencia a sistemas con la capacidad de igualar o superar la inteligencia humana en general, siendo capaces de comprender y razonar sobre una amplia gama de temas (Searle, 1980).

En los últimos años, la IA ha influido en el ámbito educativo al incorporar elementos que facilitan cada vez más el proceso de enseñanza y aprendizaje. (Hwang et al., 2020). Esto debido a la naturaleza flexible de la herramienta, que permite una adaptación personalizada del aprendizaje al considerar las características individuales de cada estudiante. Esta capacidad de ajuste facilita las experiencias formativas de manera efectiva y atractiva, atendiendo a las necesidades y estilos de aprendizaje específicos. Además, esta personalización motiva el rendimiento de los alumnos al proporcionarles un entorno adecuado a sus preferencias y capacidades (Hutchins, 2017).

Dentro de las principales aportaciones se encuentran los asistentes virtuales que pueden ofrecer soporte continuo y accesible a los estudiantes, respondiendo preguntas y proporcionando recursos adicionales en tiempo real. Esta capacidad de interacción instantánea y personalizada contribuye a un entorno de aprendizaje más inclusivo y eficiente (Gubareva y Lopes, 2020).

La IA también se ha integrado en experiencias de aprendizaje integradoras e interactivas que permiten a los estudiantes participar en simulaciones y entornos virtuales que enriquecen el aprendizaje práctico y teórico, que ayuda a retener conocimiento y el compromiso del estudiante (Chng et al., 2023).

Respecto al manejo de datos, la IA posibilita el estudio de volúmenes grandes de información educativa, identificando patrones y tendencias que apoyan a los educadores en la detección de problematicas y en la identificación de áreas que necesitan mejoras. Esto permite diseñar estrategias de enseñanza más efectivas y personalizadas, optimizando el proceso educativo en su totalidad (García-Peñalvo et al., 2021). Lo que facilita la identificación de problemas antes de que se agraven, al interpretar estos datos, los educadores pueden ajustar sus métodos de enseñanza y ofrecer intervenciones específicas para apoyar a los estudiantes que lo necesiten. Esto lleva a un entorno educativo más dinámico y adaptable, para que el alumno desarrolle su potencial (Gašević et al., 2015).

Por su parte, Álvarez y Cepeda (2024), en su artículo, los autores analizan el creciente impacto de la inteligencia artificial (IA) en el ámbito educativo, destacando avances significativos en la personalización del aprendizaje y en la retroalimentación en tiempo real. Estos desarrollos permiten crear entornos colaborativos y adaptar el contenido educativo a las necesidades individuales de cada estudiante, mejorando la eficacia del proceso de aprendizaje. Sin embargo, también señalan desafíos éticos y prácticos, como la equidad en el acceso a la tecnología y la protección de datos personales. Enfatizando la importancia de brindar mayor capacitación a los docentes y de abordar cuidadosamente las implicaciones éticas en la adopción de la IA en la educación

Por su parte, Contreras (2024), utiliza en su estudio un enfoque cuantitativo-descriptivo y un muestreo probabilístico estratificado aplicado a 248 docentes, con el fin de analizar los retos y oportunidades de integrar la IA en el ámbito educativo. Se identifican como desafíos la adaptación institucional a las nuevas tecnologías, la necesidad de una infraestructura tecnológica accesible para todos y la capacitación de los docentes para diseñar planes de estudio efectivos utilizando IA. Entre las oportunidades, se resaltan la personalización de la enseñanza y la retroalimentación inmediata, que promueven un aprendizaje más efectivo y motivador. No obstante, la mayoría de los docentes carece de capacitación en IA y expresa preocupación por la posible sustitución de sus funciones.

Asimismo, Aparicio (2023), comenta que la IA está revolucionando la educación mediante herramientas y recursos que transforman los procesos de enseñanza y aprendizaje. Tecnologías como la personalización del aprendizaje, la tutoría virtual, la evaluación automatizada y los recursos educativos inteligentes están elevando la calidad y accesibilidad de la educación. Sin embargo, su implementación requiere una consideración cuidadosa de los retos éticos y sociales que surgen. La IA desempeña un papel clave en el aula, promoviendo la creatividad y el pensamiento crítico en los estudiantes, ayudándoles a prepararse para el futuro y a adquirir habilidades fundamentales para una amplia gama de roles profesionales. Para que esta integración sea exitosa, es esencial implementarla de manera justa y responsable, asegurando el acceso equitativo de todos los estudiantes a estas tecnologías avanzadas y fomentando un entorno educativo inclusivo y equilibrado.

Por lo que, el ChatGPT tiene una amplia gama de aplicaciones prácticas en el ámbito académico. Esta herramienta de IA puede ser empleada para múltiples tareas, como la redacción de documentos, generación de ideas para investigaciones, hasta la elaboración de literatura y mejorar artículos académicos. Además, procesa y analiza textos amplios, para ofrecer sugerencias relevantes y coherentes, facilitando así el trabajo de los estudiantes y académicos. También puede ayudar en la formulación de hipótesis, la estructuración de argumentos y la verificación de datos, lo que contribuye a elevar la calidad y precisión de los trabajos académicos. La versatilidad de ChatGPT lo convierte en una herramienta valiosa para optimizar diversas actividades académicas (Kovačević, 2023).

Con lo que concuerda Halaweh (2023) que dice, eso se logra mediante varias funciones avanzadas, resume grandes volúmenes de información, ayudando a condensar investigaciones extensas en puntos clave de manera eficiente. Otra función crucial es la detección y corrección de errores gramaticales, lo que asegura que los trabajos académicos mantengan un alto estándar de precisión y claridad. Estas capacidades combinadas permiten a los usuarios no solo producir trabajos de mayor calidad, sino también desarrollar sus propias habilidades de escritura y análisis crítico, haciendo de ChatGPT una herramienta esencial en el ámbito educativo.

Es importante considerar la ética dentro del uso del ChatGPT y la IA, ya que es un tema ampliamente discutido en la educación y la minería de datos educativos. Aunque no existe una definición clara; la ética se centra en la responsabilidad, la explicabilidad, la equidad, la interpretabilidad y la seguridad de los sistemas de IA. Es importante hacer de la transparencia sin perder de vista los riesgos éticos asociados con las innovaciones de la misma, como son la discriminación, peligros de información, desinformación, usos maliciosos, daños en la interacción humano-computadora y daños ambientales. Estos riesgos se agrupan en tres cuestiones éticas fundamentales: privacidad, igualdad y beneficencia (Yang et al., 2023).

La IA ayuda a cambiar la educación, pero su adopción masiva plantea dudas sobre su impacto en el desarrollo de habilidades críticas, el aprendizaje autónomo y el crecimiento integral. La capacidad de los estudiantes para usarla de manera efectiva varía según su edad, nivel educativo y experiencia tecnológica. Utilizada adecuadamente, puede impulsar a la búsqueda de nuevas ideas, el pensamiento crítico y la investigación; sin embargo, un uso inadecuado puede generar dependencia y aprendizaje superficial. Para que la IA sea una herramienta valiosa, debe usarse de manera responsable, equilibrando sus beneficios con la necesidad de preservar el desarrollo crítico y autónomo de los estudiantes (Párraga et al., 2024).

Por su parte, el profesorado tiene el papel de guiar a los estudiantes en el uso adecuado de los medios, herramientas e información, fomentando un enfoque creativo, técnico, educativo y ético. Es crucial prepararlos para los retos del futuro, promoviendo el pensamiento crítico y el uso consciente de la tecnología, que debe ser vista como una herramienta para expandir su conocimiento, no sólo para superar exámenes o realizar tareas. Para abordar este cambio, no basta con conocer la tecnología; también es necesario considerar los contextos sociales, políticos y éticos que influyen en su uso. Es importante adoptar una postura crítica y responsable frente al uso de la IA, considerando la ética y la privacidad. Reconociendo que el verdadero valor de la tecnología en la educación no radica en cómo funciona, sino en cómo interactuamos con ella, qué hacemos y cómo nos ayuda a construir conocimiento. Los docentes tienen la responsabilidad de tomar decisiones éticas y equitativas en su implementación dentro del ámbito educativo (Grane, 2024).

Por lo que, la herramienta de ChatGPT influye en el impacto de los procesos universitarios de enseñanza y aprendizaje, en la creación de recursos educativos. Su efectividad depende del modo en que se utilice, ya que presenta tanto ventajas como desventajas. Además, puede mejorar la interacción entre docentes y estudiantes, favoreciendo un entorno adecuado para el aprendizaje y el desarrollo del conocimiento (Ojeda et al., 2023).

Es fundamental aprovechar las ventajas que ofrece ChatGPT, al tiempo que se consideran sus posibles riesgos, garantizando así el respeto a los estándares éticos. Es crucial mantener la integridad y las condiciones académicas adecuadas para evitar ser dependientes de la IA en su formación. La incorporación de estas herramientas en la educación busca un enfoque equilibrado. Los investigadores han manifestado inquietudes sobre el riesgo de facilitar el plagio, afectar la integridad académica y modificar las relaciones tradicionales entre estudiantes y docentes. El debate académico presenta una variedad de opiniones, lo que revela una carencia en la literatura: la falta de un análisis exhaustivo que unifique estas perspectivas y permita comprender mejor el papel de ChatGPT en la educación. Algunos autores subrayan beneficios como la formación personalizada, tareas autónomas y fomento del aprendizaje interactivo, mientras que otros advierten sobre posibles impactos negativos en las habilidades de pensamiento crítico, la excesiva dependencia en la IA y las repercusiones en la integridad académica.

METODOLOGÍA

El uso de ChatGPT en las universidades se está expandiendo rápidamente debido a su capacidad para potenciar la adquisición de conocimientos y destrezas. Estudios muestran que la tecnología de IA, como ChatGPT, puede facilitar el aprendizaje personalizado, mejorar la comunicación efectiva y aumentar la productividad de los estudiantes. Por ejemplo, Al-Emran y Salloum (2020), destacan que ChatGPT permite a los estudiantes aplicar el conocimiento de manera más eficiente, lo que mejora su rendimiento académico. Además, la personalización que ofrece ChatGPT, según Wirtz et al. (2018), puede adaptarse a las preferencias individuales de los usuarios, creando experiencias de aprendizaje más relevantes y atractivas para los estudiantes universitarios. La personalización también ha mostrado tener beneficios por parte de los estudiantes, como señala Chen et al. (2022).

Con el propósito de analizar el efecto del uso de la IA, en particular mediante ChatGPT, en el rendimiento académico de los estudiantes universitarios, se llevó a cabo una investigación en la Universidad Autónoma de Baja California (UABC) durante el primer semestre de 2024. Se utilizó un instrumento digital para recopilar datos de una muestra representativa de 881 alumnos de educación superior y tomando como base el total de 18,063 estudiantes matriculados en la UABC. Esta muestra fue calculada con un nivel de significancia del 95% y un margen de error del 5%, aplicando la fórmula para el cálculo de muestras.

Tamaño de muestra $=z^2.p(1-p).c^2$, donde: Z es el nivel de confianza 95%, p=0.5, y c es el margen de error (.04 = ±4).

El proceso de construcción del instrumento contó con el apoyo de un grupo de investigación multidisciplinario, que incluyó expertos en tecnologías de la información, metodología, informática y estadística.

El instrumento fue validado mediante una prueba piloto con 10 alumnos seleccionados al azar. Las observaciones recopiladas permitieron realizar correcciones necesarias antes de su implementación a mayor escala, una vez concluida la revisión, se propone la encuesta electrónica que se estructura en cuatro bloques, el bloque I de información demográfica: con 3 preguntas Sexo, Edad y nivel escolar.

El bloque II se refiere a las actitudes y percepciones sobre el uso de la inteligencia artificial: con 5 preguntas generales desglosadas en 45 preguntas específicas. Las preguntas formuladas sobre actitudes y percepciones hacia el uso de la IA buscaron explorar el grado de conocimiento, las áreas de aplicación percibidas y la opinión de los encuestados sobre la IA en sus áreas de estudio. Primero, se indagó si los participantes ya conocían el concepto de Inteligencia Artificial y se les pidió que identificaran áreas de la vida cotidiana donde consideran que la IA ha tenido un impacto significativo:

- Tecnología: Ha impulsado avances en dispositivos móviles, computación en la nube, internet de las cosas y tecnología wearable, entre otros.
- Salud: Se ha utilizado en diagnósticos médicos, desarrollo de fármacos, gestión de registros médicos y monitorización de pacientes.
- Automatización: Ha mejorado la eficiencia en la producción industrial, logística, transporte y servicios financieros, entre otros.
- Comunicación: Facilita la traducción de idiomas, análisis de sentimientos en redes sociales y atención al cliente a través de chatbots.
- Educación: Se emplea en sistemas de tutoría inteligente, análisis de datos educativos y personalización del aprendizaje.
- Entretenimiento: Ha permitido avances en videojuegos, recomendaciones de contenido y creación de música y arte.
- Seguridad: Se utiliza en sistemas de vigilancia, detección de fraudes, reconocimiento facial y análisis forense.
- Medio ambiente: Contribuye a la gestión de recursos naturales, seguimiento de la biodiversidad y predicción de desastres naturales.

Posteriormente, se presentaron varias afirmaciones para evaluar sus percepciones sobre el papel de la IA en sus áreas profesionales y educativas. Entre estas afirmaciones, se incluyeron temas como si los encuestados creen que La IA conducirá a grandes avances en el campo de tu carrera; La IA podría reemplazar a profesionales de tu área en el futuro cercano;La IA se puede utilizar en el diagnóstico de problemas en proyectos de tu área;La IA se puede utilizar para predecir el rendimiento y determinar oportunidades de mejora en tu área;La IA se puede utilizar en la planificación y optimización de proyectos en tu área; La IA se puede utilizar en la automatización de procesos y toma de decisiones de tu área; La IA se puede utilizar en el control de calidad para evaluar la eficacia de proyectos de tu área; Las aplicaciones de IA deberían formar parte de la educación en Licenciatura; Las aplicaciones de IA deberían formar parte de la educación en posgrado; El uso de IA en el campo de tu área es motivante; La IA se puede utilizar para el análisis de datos y recomendaciones en proyectos de tu área; La IA se puede utilizar para el diagnóstico de problemáticas en tu área; La IA se puede utilizar en la investigación y desarrollo de proyectos en tu área; La IA se puede utilizar para el análisis de datos en cualquier sector, teniendo como opción de respuesta completamente en desacuerdo; en desacuerdo; neutral; de acuerdo; completamente de acuerdo.

Además, se solicitó a los encuestados que indicaran en qué medida habían utilizado distintas herramientas de IA específicas para actividades académicas y personales. Entre estas herramientas se incluyeron ChatGPT.- Crear texto con formatos concretos; Leonardo AI.- Crear imágenes y animaciones; Gamma.- Crear y editar presentaciones; Mutable AI.- Crear códigos de alta calidad; Suno.- Crear canciones totalmente personalizadas; Chatmind.- Extraer y organizar información de materiales textuales; Microsoft Designer.- Elaborar un extenso abanico de diseños para redes sociales; Recraft AI.- Crear iconos personalizados; CapCut.- Editar vídeos cortos; ElevenLabs.- Generar contenido de audio realista y clonación de voz; Notta AI.- Transcribir archivos de audio a video; Grammarly: Ayuda a mejorar la escritura, corrigiendo errores gramaticales y ortográficos, y sugiriendo mejores formas de redactar textos; Google Scholar: Facilita la búsqueda de artículos académicos y científicos, permitiendo acceder a una amplia variedad de fuentes confiables; Mendeley: Gestiona referencias bibliográficas y ayuda a organizar y compartir documentos de investigación de manera colaborativa; Turnitin: Herramienta de detección de plagio que ayuda a los estudiantes a garantizar la originalidad de sus trabajos académicos; IBM Watson: Ofrece diversas herramientas de IA que pueden ser aplicadas en áreas como el análisis de datos, la creación de modelos predictivos, entre otros; Quizlet: Permite crear y estudiar con tarjetas de memoria interactivas, facilitando el aprendizaje de vocabulario y conceptos clave; Duolingo: No es específicamente de IA, pero utiliza algoritmos de aprendizaje adaptativo para ayudar a los usuarios a aprender idiomas de manera efectiva; Khan Academy: Ofrece cursos en línea gratuitos sobre una variedad de temas, utilizando técnicas de IA para adaptar el contenido a las necesidades individuales de los estudiantes; Coursera, EdX, Udacity: Plataformas que ofrecen cursos en línea de universidades de prestigio, algunos de los cuales utilizan tecnología de IA para mejorar la experiencia de aprendizaje; Socratic: Aplicación móvil que utiliza IA para ayudar a los estudiantes a resolver problemas matemáticos y entender conceptos complejos mediante explicaciones paso a paso; y otras herramientas, las opciones de respuesta son Nunca; Poco; Algo; Mucho; Siempre. Estas preguntas permitieron obtener una visión completa sobre las experiencias de uso y percepción del impacto de la IA en la vida académica y profesional de los encuestados.

El bloque III contempla el Conocimiento y uso de ChatGPT: que incluyó 3 preguntas generales y 10 preguntas específicas. Las preguntas sobre el uso y percepción de ChatGPT buscaron evaluar el conocimiento, experiencia y eficacia percibida de esta herramienta entre los participantes. Primero, se planteó la pregunta ¿Conoce el concepto de ChatGPT? para identificar el nivel de familiaridad de los encuestados con esta tecnología. A continuación, se les solicitó indicar su nivel de interacción con ChatGPT mediante la pregunta ¿Ha utilizado el sistema ChatGPT?, y seguidamente, se indagó su opinión sobre el rendimiento de la herramienta con la afirmación ¿Cuál es la eficacia de los sistemas ChatGPT?, las opciones de respuesta fueron Nada, poco, moderado, Bastante y Mucho.

En caso de que los encuestados no hubieran utilizado ChatGPT, se les pidió especificar las razones con la pregunta "En caso de no haber utilizado ChatGPT, ¿cuál(es) ha(n) sido la(s) causa(s)?", permitiéndoles señalar factores como No lo conozco, No me interesa, No se utilizarlo, No se como acceder a él, No le encontré utilidad, Es muy caro.

Finalmente, se formuló una pregunta introductoria para aquellos que sí han usado la herramienta: ¿Has usado ChatGPT?" acompañada de la aclaración "Las siguientes preguntas refieren al uso de ChatGPT; en caso de que no lo haya usado, agradecemos sus respuestas anteriores, para guiar a los encuestados en el cuestionario según su experiencia con esta tecnología.

El bloque IV contempla el manejo y uso de ChatGPT: con 2 preguntas generales que se desglosan en 15 preguntas específicas, las dos con las mismas opciones de respuesta tales a siempre, frecuentemente, algunas veces, casi nunca y nunca.

Las preguntas sobre el uso de ChatGPT solicitaron a los participantes seleccionar la respuesta que mejor representara su experiencia y opinión. En primer lugar, se les consultó sobre los distintos fines para los cuales utilizan la herramienta, mediante afirmaciones como Le doy un uso personal a ChatGPT; Le doy un uso para mi trabajo a ChatGPT; Le doy un uso académico a ChatGPT y Le doy un uso de entretenimiento .

Para evaluar la percepción del impacto de ChatGPT en su proceso de aprendizaje, se formularon varias afirmaciones, tales como El ChatGPT me ayuda a comprender mejor las clases; Al usar la tecnología ChatGPT mejora mi retención de contenidos; Al usar la tecnología ChatGPT organizo mejor mis ideas; Me gusta utilizar la tecnología ChatGPT porque la encuentro desafiante; Percibo incremento de mi rendimiento académico desde que uso ChatGPT; Mis profesores utilizan el ChatGPT como apoyo a la enseñanza; La tecnología de ChatGPT debería usarse en entornos académicos; Recomendaría la tecnología de

ChatGPT para el aprendizaje de contenidos académicos; Realizo el trabajo escolar más rápido al usar ChatGPT; ChatGPT motiva al conocimiento académico; Considera conveniente que los estudiantes universitarios utilicen ChatGPT.

Para la recolección de datos se utilizó un muestreo no probabilístico accidental, también conocido como muestreo por conveniencia, donde los participantes fueron seleccionados en función de su disponibilidad y accesibilidad al momento de la recolección de datos. Este enfoque permite reunir información de manera eficiente, aunque puede introducir sesgos en la representación de la población estudiada.

En un análisis reciente, Chukwuere (2024) realizó una revisión rápida sobre el uso de ChatGPT en la educación superior, realizando una búsqueda en bases de datos como Google Scholar y Scopus entre enero y julio de 2023. Su enfoque se centró en analizar las ventajas y desventajas de ChatGPT en este contexto. Se observó que, aunque ofrece beneficios significativos, como la mejora del aprendizaje autónomo y la adaptación a diferentes estilos de aprendizaje, también plantea desafíos éticos y limitaciones tecnológicas que requieren atención. Estas preocupaciones se alinean con las observaciones de Romero-Rodríguez et al. (2023), quienes aplicaron el modelo UTAUT2 para analizar cómo los estudiantes perciben el uso de ChatGPT como una herramienta para el pensamiento complejo. Este modelo incluye factores como la expectativa de rendimiento, la influencia social y las condiciones facilitadoras, proporcionando un marco robusto para evaluar la aceptación y el uso de tecnologías educativas en contextos universitarios.

Montenegro-Rueda et al. (2023) también contribuyeron a esta conversación mediante una revisión sistemática de estudios publicados sobre la implementación de ChatGPT en la educación desde su lanzamiento. Utilizando una metodología descriptiva y cuantitativa, se recopilaron y analizaron datos de 12 estudios para determinar el efecto del ChatGPT en el desarrollo de la enseñanza-aprendizaje. Los hallazgos indicaron que la implementación de ChatGPT puede ser positiva, favoreciendo el aprendizaje personalizado y la interacción entre estudiantes y docentes. Sin embargo, también se concluyó que se requiere una formación adecuada para los docentes para maximizar el potencial de esta tecnología en el aula.

El enfoque de la investigación en la UABC se enmarca dentro de las metodologías mixtas, combinando métodos cuantitativos y cualitativos para ofrecer una visión más completa del uso de ChatGPT en el aprendizaje de los alumnos. La metodología de investigación mixta, que combina enfoques cualitativos y cuantitativos, se ha consolidado como una herramienta poderosa para obtener un panorama integral en investigaciones educativas. Este enfoque permite explorar con mayor profundidad las experiencias y percepciones individuales de los estudiantes al tiempo que se identifican patrones generales a nivel grupal (Love, Cook & Cook, 2022). Según Love y sus colaboradores, "los métodos mixtos ofrecen una manera única de informar prácticas educativas al combinar enfoques cualitativos y cuantitativos, lo cual es especialmente útil en contextos educativos reales"

Los datos se obtuvieron a través de encuestas estructuradas, lo que permitió una comparación sistemática de las respuestas de los estudiantes, el identificar las tendencias y el uso de la tecnología.

El diseño del estudio fue cuidadosamente planeado para garantizar que los datos recolectados fueran representativos y válidos. El uso de un muestreo no probabilístico accidental facilitó la inclusión de estudiantes de diversas disciplinas, enriqueciendo así la diversidad de la muestra y aumentando la relevancia de los resultados. La validación del instrumento mediante una prueba piloto fue un paso crucial que permitió ajustar la encuesta antes de su implementación general.

Los resultados de este estudio no solo contribuyen a la comprensión de la utilización de ChatGPT en el rendimiento de los estudiantes, sino que también ofrecen insights sobre cómo la inteligencia artificial puede ser integrada de manera efectiva en el currículo universitario. Esto es especialmente relevante en un contexto donde las tecnologías educativas están evolucionando rápidamente y las universidades deben adaptarse a las nuevas realidades del aprendizaje.

La incorporación de ChatGPT en la educación superior ofrece tanto beneficios como retos. A medida que la tecnología continúa evolucionando, resulta crucial que las instituciones educativas se mantengan actualizadas sobre los avances y estudios recientes en inteligencia artificial. La cooperación entre investigadores, docentes y administradores es clave para aprovechar al máximo el potencial de herramientas como ChatGPT, impulsando una experiencia de aprendizaje enriquecida en el entorno universitario.

Con el análisis de la literatura existente y la recopilación de datos empíricos, esta investigación busca proporcionar un marco para futuras exploraciones sobre el uso de tecnologías emergentes en la educación, contribuyendo así al desarrollo de prácticas educativas más efectivas y centradas en el estudiante.

RESULTADOS

El cuestionario se compone de varios bloques, el primero que no se menciona en la metodología es que se identifica a los encuestados que están estudiando actualmente, siendo 881 (96%) de ellos los que respondieron afirmativamente y 32 (4%) respondieron que actualmente no son estudiantes activos..

Sobre los estudiantes se analiza el bloque II con la información demográfica que se compone de 3 preguntas, en cuanto al género se observa que el 505 (57%) son mujeres, mientras que 376 (43%) son hombres, el análisis de edad indica la edad mínima de 17 años y la edad máxima de 65 años con una desviación estándar de 7 años y edad promedio de 23 años. El nivel escolar concentra a 819 (93%) están cursando una licenciatura, 29 (3%) una maestría, 24 (3%) cursan un doctorado y por último el 9 (1%) cursan una especialidad.

El bloque II de preguntas respecto a actitudes y percepciones sobre el uso de la Inteligencia Artificial (IA/AI) contempla 5 preguntas, iniciando por considerar que la mayoría de las personas conocen el concepto de IA 846 (96%) lo corrobora, mientras que 35 (4%) desconocen el concepto.

De acuerdo a los encuestados las áreas de la vida cotidiana que la inteligencia artificial ha tenido un impacto significativo son:

- 741 (84%) considera que la IA ha tenido impacto en la Tecnología, lo que ha impulsado avances en dispositivos móviles, computación en la nube, internet de las cosas y tecnología wearable, entre otros.
- 555 (63%) considera que la IA tiene impacto también en la educación, ya que se emplea para tutores inteligentes, análisis de datos educativos y personalización del aprendizaje.
- 548 (62%) también considera que la IA tiene impacto en la comunicación, ya que esta facilita la traducción de idiomas, análisis de sentimientos en redes sociales y atención al cliente mediante chatbots.
- 467 (53%) dicen que la IA ha impactado en el área de entretenimiento, ya que esta ha permitido avances en videojuegos, recomendaciones de contenido y creación de música y arte.
- 460 (52%) considera que la IA ha impactado en el área de automatización, ya que ha mejorado la eficiencia en producción industrial, logística, transporte y servicios financieros.

- 365 (41%) señala que la IA ha impactado en seguridad, esta se utiliza en vigilancia, detección de fraudes, reconocimiento facial y análisis forense.
- 341 (39%) considera que ha tenido un impacto en la Salud ya que se ha utilizado en diagnósticos médicos, desarrollo de fármacos, gestión de registros médicos y monitorización de pacientes.
- 193 (22%) considera el impacto de la IA en el medio ambiente, ya que esta contribuye a la gestión de recursos naturales, seguimiento de la biodiversidad y predicción de desastres naturales.

La encuesta muestra que el 31% de los encuestados está completamente de acuerdo en que la IA conducirá a grandes avances en el campo de su carrera. En cuanto a la planificación y optimización de proyectos en su área, el 39% está de acuerdo, el 30% está neutral respecto a que las aplicaciones de IA deberían formar parte de la educación en posgrado. En cuanto a la desaprobación, el 28% está en desacuerdo con que la IA podría reemplazar a profesionales de su área en el futuro cercano y el 24% está completamente en desacuerdo con esta afirmación, ver tabla 1.

En lo que respecta a las herramientas de Inteligencia Artificial menos utilizadas según los encuestados son Suno, Mutable AI, ElevenLabs e IBM Watson, con un 86% (760 personas), 85% (753 personas), 85% (751 personas) y 85% (751 personas) respectivamente, que no las han utilizado. Por otro lado, las herramientas más utilizadas incluyen ChatGPT, con un 29% (256 personas) que la usan moderadamente, y Google Scholar, con un 16% (140 personas) que la usan bastante. Grammarly y Khan Academy también tienen un uso notable, con un 55% (488 personas) y un 49% (435 personas) que no las han utilizado, pero con una porción significativa de usuarios que sí las utilizan moderadamente o más, Ver tabla 2.

Tabla 1. Percepciones sobre el uso y el impacto de la inteligencia artificial en diversas áreas

	Completamente en desacuerdo	En desacuerdo	Neutral	De acuerdo	Completamente de acuerdo
La IA conducirá a grandes avances en el campo de tu carrera	97 (11 %)	78 (9 %)	193 (22 %)	241 (27 %)	272 (31 %)
La IA se puede utilizar:					
En la planificación y optimización de proyectos en tu área	92 (10 %)	73 (8 %)	176 (20 %)	344 (39 %)	196 (22 %)
Para el análisis de datos y recomendaciones en proyectos de tu área	89 (10 %)	81 (9 %)	186 (21 %)	313 (36 %)	212 (24 %)
En el diagnóstico de problemas en proyectos de tu área	98 (11 %)	95 (11 %)	201 (23 %)	314 (36 %)	173 (20 %)
Para predecir el rendimiento y determinar oportunidades de mejora en tu área	99 (11 %)	95 (11 %)	214 (24 %)	304 (35 %)	169 (19 %)

En la investigación y desarrollo de proyectos en tu área	104 (12 %)	94 (11 %)	196 (22 %)	304 (35 %)	183 (21 %)
Para el diagnóstico de problemáticas en tu área	116 (13 %)	91 (10 %)	223 (25 %)	283 (32 %)	168 (19 %)
Para el análisis de datos en cualquier sector	100 (11 %)	88 (10 %)	192 (22 %)	271 (31 %)	230 (26 %)
En la automatización de procesos y toma de decisiones de tu área	115 (13 %)	130 (15 %)	236 (27 %)	254 (29 %)	146 (17 %)
En el control de calidad para evaluar la eficacia de proyectos de tu área	110 (12 %)	142 (16 %)	238 (27 %)	254 (29 %)	137 (16 %)
Las aplicaciones de IA deberían formar parte de la educación en posgrado	105 (12 %)	111 (13 %)	261 (30 %)	211 (24 %)	193 (22 %)
El uso de IA en el campo de tu área es motivante	114 (13 %)	119 (14 %)	266 (30 %)	232 (26 %)	150 (17 %)

Las aplicaciones de IA deberían formar parte de la educación en Licenciatura	109 (12 %)	94 (11 %)	248 (28 %)	235 (27 %)	195 (22 %)
La IA podría reemplazar a profesionales de tu área en el futuro cercano	210 (24 %)	245 (28 %)	235 (27 %)	112 (13 %)	79 (9 %)

Tabla 2. Medida de uso de las herramientas de inteligencia artificial disponibles

	Nada	Poco	Moderado	Mucho	Bastante
ChatGPT.- Crear texto con formatos concretos.	178 (20 %)	203 (23 %)	256 (29 %)	164 (19 %)	80 (9 %)
Suno.- Crear canciones totalmente personalizadas.	760 (86 %)	55 (6 %)	35 (4 %)	17 (2 %)	14 (2 %)
Mutable AI.- Crear códigos de alta calidad.	753 (85 %)	62 (7 %)	38 (4 %)	15 (2 %)	13 (1 %)
ElevenLabs.- Generar contenido de audio realista y clonación de voz.	751 (85 %)	58 (7 %)	37 (4 %)	18 (2 %)	17 (2 %)
IBM Watson: Herramientas IA aplicadas en áreas como el análisis de datos	751 (85 %)	46 (5 %)	42 (5 %)	25 (3 %)	17 (2 %)
Recraft AI.- Crear iconos personalizados.	739 (84 %)	65 (7 %)	41 (5 %)	20 (2 %)	16 (2 %)

Notta AI.- Transcribir archivos de audio a vídeo.	718 (81 %)	71 (8 %)	54 (6 %)	20 (2 %)	18 (2 %)
Turnitin: Detecta plagio, ayuda a garantizar la originalidad de trabajos académicos.	701 (80 %)	58 (7 %)	65 (7 %)	28 (3 %)	29 (3 %)
Socratic: Aplicación móvil que utiliza IA para ayudar a los estudiantes a resolver problemas matemáticos y entender conceptos complejos mediante explicaciones paso a paso.	713 (81 %)	64 (7 %)	57 (6 %)	26 (3 %)	21 (2 %)
Gamma.- Crear y editar presentaciones.	687 (78 %)	77 (9 %)	74 (8 %)	25 (3 %)	18 (2 %)
Chatmind.- Extraer y organizar información de materiales textuales.	676 (77 %)	89 (10 %)	72 (8 %)	26 (3 %)	18 (2 %)
Leonardo AI.- Crear imágenes y animaciones.	668 (76 %)	82 (9 %)	78 (9 %)	34 (4 %)	19 (2 %)
Microsoft Designer.- Elaborar un extenso abanico de diseños para redes sociales.	665 (75 %)	84 (10 %)	67 (8 %)	36 (4 %)	29 (3 %)
Quizlet: Permite crear y estudiar con tarjetas de memoria interactivas, facilitando el aprendizaje de vocabulario y conceptos clave.	603 (68 %)	104 (12 %)	83 (9 %)	48 (5 %)	43 (5 %)

Coursera, EdX, Udacity: Plataformas que ofrecen cursos en línea de universidades de prestigio, algunos de los cuales utilizan tecnología de IA para mejorar la experiencia de aprendizaje.	600 (68 %)	85 (10 %)	99 (11 %)	53 (6 %)	44 (5 %)
Mendeley: Gestiona referencias bibliográficas y ayuda a organizar y compartir documentos de investigación de manera colaborativa.	572 (65 %)	104 (12 %)	93 (11 %)	57 (6 %)	55 (6 %)
Grammarly: Ayuda a mejorar la escritura, corrigiendo errores gramaticales y ortográficos, y sugiriendo mejores formas de redactar textos.	488 (55 %)	118 (13 %)	133 (15 %)	86 (10 %)	56 (6 %)
Khan Academy: Cursos en línea gratuitos usa IA para adaptar el contenido a las necesidades.	435 (49 %)	128 (15 %)	151 (17 %)	95 (11 %)	72 (8 %)
CapCut.- Editar vídeos cortos.	354 (40 %)	170 (19 %)	161 (18 %)	114 (13 %)	82 (9 %)
Google Scholar: Facilita la búsqueda de artículos académicos y científicos.	321 (36 %)	106 (12 %)	165 (19 %)	149 (17 %)	140 (16 %)
Duolingo: No es IA, usa algoritmos de aprendizaje adaptativo para ayudar a aprender idiomas.	227 (26 %)	154 (17 %)	196 (22 %)	150 (17 %)	154 (17 %)

Otras herramientas de IA que han utilizado los alumnos son Copilot; Blackboax IA; DeepL; Cite this for me; Symbolab; Character.AI; Gemini; Photomath; BingAI; Duolingo; Visible body suit; Aithor; Supermaven; Notion; Ludwig; Litmap; Answer with AI; ResearchRabbit; Stable Diffusion; MidJourney; Osmosis; Photomath; Perplexity; Cici; Suno; Recraft; The Lens; Research Rabbit; Synthesia; Bard; Dall-E; ChatPDF; Remove Background; Speechify; Poe; Artbreeder; Google Gemini; Microsoft Copilot; Mapify; Recraft; The Lens; Revisely; Cici; Summarize.tech; RVC; LuzIA; Microsoft Bing.

En el bloque III que tiene que ver con los Conocimiento y uso de ChatGPT contempla 3 preguntas, en la primera, la mayoría de los encuestados, 301 (34%), afirma conocer moderadamente el concepto de ChatGPT, mientras que 181 (21%) lo conoce mucho. En cuanto al uso del sistema, 236 (27%) lo ha utilizado moderadamente, seguido por 148 (17%) que lo ha utilizado mucho. Respecto a la eficacia de los sistemas ChatGPT, 318 (36%) considera que es moderadamente eficaz, y 161 (18%) opina que es bastante eficaz, Ver tabla 3.

Tabla 3. Nivel de conocimiento, uso y percepción de la eficacia de ChatGPT entre los encuestados

	Nada	Poco	Moderado	Bastante	Mucho
Conozco el concepto de ChatGPT	67 (8 %)	67 (8 %)	301 (34 %)	169 (19 %)	181 (21 %)
He utilizado el sistema ChatGPT	151 (17 %)	151 (17 %)	236 (27 %)	138 (16 %)	148 (17 %)
Eficacia de los sistemas ChatGPT	135 (15 %)	135 (15 %)	318 (36 %)	161 (18 %)	111 (13 %)

En caso de no haber utilizado ChatGPT las causas han sido:

247 personas (28%) señalaron que no les interesa.

232 personas (26.3%) consideran que el uso de ChatGPT es muy caro.

216 personas (24.5%) indicaron que no conocen ChatGPT.

153 personas (17.4%) mencionaron que no saben cómo utilizarlo.

131 personas (14.9%) expresaron que no le encontraron utilidad.

71 personas (8.1%) indicaron que no saben cómo acceder a ChatGPT.

Para proseguir al bloque IV, según los resultados, de los 881 estudiantes el 684 (78%) ha usado ChatGPT, mientras que 197 (22%) no lo han utilizado, los principales resultados del uso y percepción de ChatGPT en entornos académicos son:

- Una mayoría considera que la tecnología de ChatGPT debe usarse en entornos académicos y que es conveniente para los estudiantes universitarios. Se utiliza de manera ocasional a frecuente para fines académicos y recomendarían su uso para el aprendizaje de contenidos académicos.
- Muchos estudiantes reportan que les ayuda a comprender mejor las clases y organizar mejor sus ideas. Además, una parte considerable de los encuestados percibe que mejora su retención de contenidos.
- Una proporción significativa realiza su trabajo escolar más rápido y percibe un incremento en su rendimiento académico, también se considera motivador para el conocimiento académico.

También utilizan ChatGPT para uso personal y laboral, aunque en menor medida que para fines académicos, ver tabla 4.

Tabla 4. Uso y Percepción de ChatGPT en Entornos Académicos

	Nunca	**Casi Nunca**	**Algunas Veces**	**Frecuentemente**	**Siempre**
La tecnología de ChatGPT debería usarse en entornos académicos	56 (6 %)	100 (11 %)	225 (26 %)	164 (19 %)	139 (16 %)
Considera conveniente que los estudiantes universitarios utilicen Chat-GPT	67 (8 %)	92 (10 %)	219 (25 %)	147 (17 %)	159 (18 %)
Le doy un uso académico a ChatGPT	38 (4 %)	153 (17 %)	219 (25 %)	172 (20 %)	102 (12 %)
Recomendaría la tecnología de ChatGPT para el aprendizaje de contenidos académicos	67 (8 %)	84 (10 %)	212 (24 %)	157 (18 %)	164 (19 %)
El ChatGPT me ayuda a comprender mejor las clases	81 (9 %)	110 (12 %)	215 (24 %)	155 (18 %)	123 (14 %)
Al usar la tecnología ChatGPT mejora mi retención de contenidos	109 (12 %)	93 (11 %)	213 (24 %)	163 (19 %)	106 (12 %)

Al usar la tecnología ChatGPT organizo mejor mis ideas	79 (9 %)	71 (8 %)	206 (23 %)	183 (21 %)	145 (16 %)
Le doy un uso personal a ChatGPT	104 (12 %)	165 (19 %)	191 (22 %)	137 (16 %)	87 (10 %)
Realizo el trabajo escolar más rápido al usar ChatGPT	80 (9 %)	89 (10 %)	197 (22 %)	159 (18 %)	159 (18 %)
Percibo incremento de mi rendimiento académico desde que uso ChatGPT	134 (15 %)	126 (14 %)	172 (20 %)	147 (17 %)	105 (12 %)
ChatGPT motiva al conocimiento académico	108 (12 %)	118 (13 %)	184 (21 %)	149 (17 %)	125 (14 %)
Mis profesores utilizan el ChatGPT como apoyo a la enseñanza	292 (33 %)	139 (16 %)	144 (16 %)	73 (8 %)	36 (4 %)
Le doy un uso para mi trabajo a ChatGPT	204 (23 %)	153 (17 %)	169 (19 %)	102 (12 %)	56 (6 %)
Le doy un uso de entretenimiento	247 (28 %)	146 (17 %)	148 (17 %)	84 (10 %)	59 (7 %)
Me gusta utilizar la tecnología ChatGPT porque lo encuentro desafiante	186 (21 %)	161 (18 %)	158 (18 %)	98 (11 %)	81 (9 %)

CONCLUSIONES

La gran mayoría de los encuestados son estudiantes de algún nivel académico, ya sea licenciatura, especialidad, maestría o doctorado, con un pequeño porcentaje que no está cursando ninguna de estas opciones. En términos de demografía, la mayoría de los encuestados son mujeres, y las edades de los participantes varían considerablemente, con una edad promedio joven.

El nivel educativo de los encuestados se concentra principalmente en la licenciatura, seguido por maestría, doctorado y especialidad, en menor proporción. Además, en cuanto a las actitudes y percepciones sobre el uso de la Inteligencia Artificial, se evidencia un alto nivel de familiaridad con el concepto de IA entre los encuestados, con una minoría que aún desconoce este término.

Según los encuestados, la Inteligencia Artificial ha tenido un impacto significativo en varias áreas de la vida cotidiana. La mayoría considera que la tecnología ha avanzado notablemente gracias a la IA, mejorando dispositivos móviles, computación en la nube, internet de las cosas y tecnología wearable. También se destaca su influencia en la educación, con tutores inteligentes y personalización del aprendizaje, y en la comunicación, facilitando traducción de idiomas y atención al cliente mediante chatbots. Además, la IA ha mejorado el entretenimiento, la automatización industrial y la seguridad, y ha tenido implicaciones importantes en salud, como diagnósticos médicos y gestión de registros. Aunque en menor medida, también se reconoce su contribución al medio ambiente, especialmente en la gestión de recursos naturales y predicción de desastres naturales.

Los resultados de la encuesta reflejan una percepción predominantemente positiva sobre el impacto de la inteligencia artificial (IA) en diversas áreas profesionales. Una mayoría de los encuestados considera que la IA conducirá a grandes avances en sus carreras, destacando su utilidad en la planificación y optimización de proyectos, análisis de datos y recomendaciones, diagnóstico de problemas, predicción del rendimiento y en la investigación, y desarrollo de proyectos. Además, se reconoce el potencial de la IA para automatizar procesos, tomar decisiones y evaluar la eficacia de los proyectos. En el ámbito educativo, hay un amplio apoyo para la inclusión de aplicaciones de IA tanto en programas de posgrado como de licenciatura. Sin embargo, existe una preocupación considerable sobre la posibilidad de que la IA pueda reemplazar a los profesionales en el futuro cercano, aunque esta preocupación no es mayoritaria. Como indican Luckin et al. (2016), la IA puede personalizar la educación de una manera sin precedentes, proporcionando retroalimentación instantánea y ajustándose al ritmo de aprendizaje de cada estudiante, lo que mejora tanto la eficiencia como los resultados académicos.

En general, la actitud hacia la IA es positiva, apreciando sus beneficios en la mejora de procesos y la toma de decisiones, pero con una cautela subyacente respecto a sus implicaciones laborales.

Los resultados de la encuesta muestran que entre las herramientas de inteligencia artificial más utilizadas por los estudiantes, ChatGPT destaca significativamente por su capacidad para crear textos con formatos concretos, aunque su uso moderado o superior es relativamente limitado, con menos del 30% de los encuestados reportando un uso alto o muy alto. Por otro lado, varias herramientas de IA como Suno, Mutable AI, ElevenLabs, IBM Watson, Recraft AI, Notta AI, y Socratic presentan niveles de uso muy bajos, con la mayoría de los estudiantes indicando que no las utilizan en absoluto o sólo muy poco.

Con base en estos resultados, se recomienda a las instituciones de educación superior enfocar sus esfuerzos en integrar y promover el uso de herramientas de IA como ChatGPT, que ya cuentan con una base de usuarios significativa y pueden tener un impacto positivo en la mejora de habilidades académicas. En contraste, se sugiere reevaluar la implementación de otras herramientas de IA que actualmente tienen una baja aceptación y uso entre los estudiantes, ya que estos recursos no parecen alinearse con las necesidades y preferencias actuales del alumnado. La promoción de herramientas más ampliamente aceptadas y útiles podría contribuir de manera más efectiva a la mejora del rendimiento académico y la preparación profesional de los estudiantes.

En el apartado que aborda el conocimiento y uso de ChatGPT, se observa que la mayoría de los encuestados tiene un conocimiento moderado del concepto de ChatGPT, con una cantidad significativa que afirma conocerlo mucho. En cuanto al uso del sistema, muchos encuestados han utilizado ChatGPT de manera moderada, y una cantidad considerable lo ha utilizado mucho. Respecto a la percepción de la eficacia del sistema, la mayoría considera que es moderadamente eficaz, y un grupo significativo opina que es bastante eficaz.

Sin embargo, hay áreas de mejora y debilidades que destacan en los resultados. Una parte importante de los encuestados no ha utilizado ChatGPT por falta de interés, y muchos consideran que su uso es muy caro. Además, un número considerable no conoce el sistema y una parte significativa no sabe cómo utilizarlo. La falta de acceso y utilidad percibida también son barreras, con algunos que no saben cómo acceder a ChatGPT y otros que no le encuentran utilidad. En general, aunque muchos estudiantes han utilizado ChatGPT, hay una cantidad relevante que no lo ha hecho, señalando un área de oportunidad para aumentar la adopción y familiaridad con la herramienta.

Para mejorar la adopción y efectividad del uso de ChatGPT, las instituciones de educación superior deberían considerar campañas de concientización y capacitación, enfocadas en reducir las barreras de costo, acceso y utilidad percibida. Proveer información clara sobre cómo acceder y utilizar ChatGPT, junto con ejemplos prácticos de su aplicabilidad, podría aumentar significativamente el interés y uso de esta tecnología entre los estudiantes.

Los resultados indican que una proporción significativa de encuestados considera que la tecnología de ChatGPT debería usarse en entornos académicos y es conveniente para los estudiantes universitarios. Muchos estudiantes utilizan ChatGPT para comprender mejor las clases, organizar sus ideas y realizar trabajos escolares más rápidamente, y también recomendarían su uso para el aprendizaje de contenidos académicos. Sin embargo, el uso académico de ChatGPT no es frecuente para una gran parte de los encuestados, y la percepción de que ChatGPT mejora significativamente el rendimiento académico no es universal. Además, la integración de ChatGPT por parte de los profesores es limitada, y una parte considerable de los estudiantes no encuentra la tecnología particularmente desafiante o motivadora. Para abordar estas debilidades, es crucial implementar capacitaciones y talleres para estudiantes y profesores, realizar campañas de sensibilización sobre los beneficios de ChatGPT, incentivar su uso académico, promover su integración en el currículo y establecer plataformas de soporte para consultas y resolución de dudas. Estas acciones pueden aumentar la adopción efectiva de ChatGPT en entornos académicos y mejorar su percepción y utilidad entre los estudiantes.

RECOMENDACIONES

Dado que la gran mayoría de los encuestados son estudiantes de licenciatura, especialidad, maestría o doctorado, y considerando su amplio rango de edades y predominancia femenina, se recomienda a las instituciones de educación superior que integren y promuevan activamente el uso de herramientas de IA como ChatGPT, las cuales ya tienen una base de usuarios significativa y han demostrado tener un impacto positivo en la mejora de habilidades académicas. Es esencial enfocar esfuerzos en herramientas que actualmente presentan un alto nivel de aceptación, reevaluando la implementación de otras IA con baja adopción, como Suno, Mutable AI, ElevenLabs, y otras, que no parecen alinearse con las necesidades y preferencias de los estudiantes.

Para aumentar la adopción y efectividad de ChatGPT, se deberían implementar campañas de concientización y capacitación tanto para estudiantes como para profesores, con el objetivo de reducir barreras de costo, acceso y utilidad percibida. Esto incluye proporcionar información clara sobre cómo acceder y utilizar ChatGPT y ofrecer ejemplos prácticos de su aplicabilidad en el entorno académico. Además, es crucial establecer plataformas de soporte donde los estudiantes puedan resolver sus dudas y compartir experiencias.

Se recomienda también incentivar el uso académico de ChatGPT mediante programas que reconozcan y premien a los estudiantes que demuestren mejoras significativas en su rendimiento académico gracias al uso de esta tecnología. La integración de ChatGPT en el currículo académico desde etapas tempranas puede fomentar una mayor familiaridad y competencia en su uso. Además, se debe motivar a los profesores a incorporar ChatGPT en sus métodos de enseñanza, brindándoles la formación necesaria para hacerlo de manera efectiva.

Finalmente, nuevas líneas de investigación podrían centrarse en evaluar el impacto a largo plazo de la integración de ChatGPT en el rendimiento académico y en la preparación profesional de los estudiantes. También sería valioso investigar cómo otras herramientas de IA pueden complementar el uso de ChatGPT para ofrecer una experiencia de aprendizaje más holística y personalizada.

REFERENCIAS

Al-Emran, M. y Salloum, S. (2020). An empirical examination of continuous intention to use m-learning: An integrated model. Education and Information Technologies. 25. 1-20. https://www.researchgate.net/publication/338386148_An_empirical_examination_of_continuous_intention_to_use_m-learning_An_integrated_model

Abbas, M., Jam, F. A., y Khan, T. I. (2024). Is it harmful or helpful? Examining the causes and consequences of generative AI usage among university students. International Journal of Educational Technology in Higher Education, 21(10). https://doi.org/10.1186/s41239-024-00444-7

Álvarez Merelo, J. C., y Cepeda Morante, L. J. (2024). El impacto de la inteligencia artificial en la enseñanza y el aprendizaje. LATAM Revista Latinoamericana De Ciencias Sociales Y Humanidades, 5(3), 599 – 610. https://doi.org/10.56712/latam.v5i3.2061

Aparicio Gómez, W. O. (2023). La Inteligencia Artificial y su Incidencia en la Educación: Transformando el Aprendizaje para el Siglo XXI. Revista internacional de pedagogía e innovación educativa. (33)12. 217-229. https://dialnet.unirioja.es/servlet/articulo?codigo=9624350

Ayuso, D., y Gutiérrez, P. (2022). La Inteligencia Artificial como recurso educativo durante la formación inicial del profesorado. RIED-Revista Iberoamericana De Educación a Distancia, 25(2), 347-362. https://doi.org/10.5944/ried.25.2.32332

Contreras Alcántara, F. (2024). IA en la Educación: Desafíos de Implementación y Oportunidades de Transformación, Regional de Educación 08, Santiago. Ciencia Latina Revista Científica Multidisciplinar, 8(2), 5337-5358. https://doi.org/10.37811/cl_rcm.v8i2.10947

Cueva Eguizábal, M. G. (2023). ChatGPT en el desempeño académico de alumnos de ingeniería de sistemas en una universidad, Lima Norte. [TESIS PARA OBTENER EL GRADO ACADÉMICO DE: Maestro en Ingeniería de Sistemas con Mención en Tecnologías de la Información] Universidad César Vallejo. https://repositorio.ucv.edu.pe/bitstream/handle/20.500.12692/133551/Cueva_EMG-SD.pdf?sequence=1&isAllowed=y

Chen, X., Zou, D., Xie, H., Cheng, G. y Liu, C. (2022). Two decades of artificial intelligence in education. Educational Technology & Society, 25(1), 28-47. https://www.jstor.org/stable/48647028

Chen, L., Chen, P., & Lin, Z. (2020). Artificial Intelligence in Education: A Review. IEEE Access, 8, 75264-75278. 0.1109/ACCESS.2020.2988510

Chukwuere, J. E. (2024). The use of ChatGPT in higher education: The advantages and disadvantages. arXiv. https://doi.org/10.48550/arXiv.2403.19245

Chng, E., Ling Tan, A. y Chee Tan, S. (2023). Examining the Use of Emerging Technologies in Schools: a Review of Artificial Intelligence and Immersive Technologies in STEM Education. (6). 385-407 Journal for STEM Education Research, In Press. https://doi.org/10.1007/s41979-023-00092-y

Díaz, V. J., Peña, H. D., Fabara, S. Z., Ruiz, R. A., y Macías, M. D. (2023). Estudio comparativo experimental del uso de ChatGPT y su influencia en el aprendizaje de los estudiantes de la carrera Tecnologías de la información de la universidad de Guayaquil. Revista Universidad De Guayaquil, 137(2), 51-63. https://doi.org/10.53591/rug.v137i2.2107

Franco, R., y Rea, J. (2023). La influencia de ChatGPT en la educación superior de Guayaquil. Universidad Politécnica Salesiana. http://dspace.ups.edu.ec/handle/123456789/25903

Gallent, C., Zapata, A., & Ortego, J. L. (2023). El impacto de la inteligencia artificial generativa en educación superior: una mirada desde la ética y la integridad académica. *RELIEVE–Revista Electrónica De Investigación Y Evaluación Educativa, 29*(2). https://doi.org/10.30827/relieve.v29i2.29134

Gubareva, R. y Lopes, R. P. (2020). Virtual Assistants for Learning: A Systematic Literature Review. En H. Chad Lane, S. Zvacek, y J. Uhomoibhi (Eds.), Proceedings of the 12th International Conference on Computer Supported Education–Volume 1: CSEDU, 97-103. https://www.scitepress.org/Link.aspx?doi=10.5220/0009417600970103

García-Peñalvo, F. J., García-Holgado, A., Vázquez-Ingelmo, A., y Sánchez Prieto, J. C. (2021). Planning, communication and active methodologies: Online assessment of the software engineering subject during the COVID-19 crisis. RIED. Revista Iberoamericana de Educación a Distancia, 24(2). 41-66. https://doi.org/10.5944/ried.24.2.27689

Gašević, D., Dawson, S. y Siemens, G. (2015). Let's not forget: Learning analytics are about learning. TechTrends, 59(1), 64-71. https://doi.org/10.1007/s11528-014-0822-x

Grane, M. (2024) Implementación del ChatGPT en el Aula. Ribera, M.. y Diaz, O. (Coord.) ChapGPT y educación universitaria: posibilidades y límites del ChapGPT como herramienta docente. 97-122. Ediciones Octaedro, S.L. https://diposit.ub.edu/dspace/bitstream/2445/206141/1/9788410054011.pdf

Halaweh, M. (2023). ChatGPT in education: Strategies for responsible implementation. Contemporary Educational Technology, 15(2), ep421. https://doi.org/10.30935/cedtech/13036

Hutchins D. (2017). How Artificial Intelligence is Boosting Personalization in Higher Education. EdTech. https://edtechmagazine.com/higher/article/2017/11/ai-boosts-personalized-learning-higher-education

Hwang, G. J., Xie, H., Wah, B. W., y Gaševiç, D. (2020). Vision, challenges, roles and research issues of Artificial Intelligence in Education. Computers and Education: Artificial Intelligence, 1, 100001. https://doi.org/10.1016/j.caeai.2020.100001

Kovačević, D. (2023). Use of ChatGPT in ESP Teaching Process. En 2023 22nd International Symposium INFOTEH-JAHORINA (INFOTEH). 1-5. East Sarajevo, Bosnia and Herzegovina. https://doi.org/10.1109/INFOTEH57020.2023.10094133

Luckin, R., Holmes, W., Griffiths, M., & Forcier, L. B. (2016). Intelligence Unleashed: An Argument for AI in Education. *Pearson Education.* https://doi.org/10.13140/RG.2.2.27008.97285

Love, H. R., Cook, B. G., & Cook, L. (2022). *Mixed-Methods Approaches in Special Education Research.* Learning Disabilities Research & Practice, 37(4), 314-323.

Montenegro-Rueda, M., Fernández-Cerero, J., Fernández-Batanero, J.-M., y López-Meneses, E. (2023). Impact of the Implementation of ChatGPT in Education: A Systematic Review. Computers, 12(8), 153. https://doi.org/10.3390/computers12080153

Ojeda, A. D., Solano-Barliza, A. D., Ortega Alvarez, D., y Boom, C. E. (2023) Análisis del impacto de la inteligencia artificial ChatGPT en los procesos de enseñanza y aprendizaje en la educación universitaria. Formación Universitaria. 16(6), 61-70 http://dx.doi.org/10.4067/S0718-50062023000600061

Párraga Rocero, W. J., Vargas Bálcazar, K. S., Rocero Benavides, M. M., Palacios Vaicilla, T. E., y Capelo Andrade, S. S. (2024). La inteligencia artificial ChatGPT y su influencia en los resultados de aprendizaje de los estudiantes de educación básica superior. LATAM Revista Latinoamericana de Ciencias Sociales y Humanidades 5 (3), 2290 – 2302. https://doi.org/10.56712/latam.v5i3.2195

Romero-Rodríguez, J.-M., Ramírez-Montoya, M-S., Buenestado-Fernández, M. y Lara-Lara, F. (2023). Use of ChatGPT at University as a Tool for Complex Thinking: Students' Perceived Usefulness. Journal of New Approaches in Educational Research, 12(2), 323-339. https://doi.org/10.7821/naer.2023.7.1458

Searle, J. R. (1980). Minds, brains, and programs. Behavioral and Brain Sciences, 3(3), 417–424. https://doi.org/10.1017/S0140525X00005756

Wirtz, J., Patterson, P.G., Kunz, W.H., Gruber, T., Lu, V.N., Paluch, S. y Martins, A. (2018), Brave new world: service robots in the frontline, Journal of Service Management, (29) 5, 907-931. https://doi.org/10.1108/JOSM-04-2018-0119

Yang, J., Jin, H., Tang, R., Han, X., Feng, Q., Jiang, H., Yin, B. y Hu, X. (2023). Harnessing the Power of LLMs in Practice: A Survey on ChatGPT and Beyond. arXiv, Article arXiv:2304.13712v2. https://doi.org/10.48550/arXiv.2304.13712

Capítulo 5

La industria 4.0 y la importancia del desarrollo tecnológico en la sociedad actual

DRA. MARGARITA RAMÍREZ RAMÍREZ
maguiram@uabc.edu.mx

DRA. HILDA BEATRIZ RAMÍREZ MORENO
ramirezmb@uabc.edu.mx

DRA. MARICELA SEVILLA CARO
mary_sevilla@uabc.edu.mx

DRA. ESPERANZA MANRIQUE ROJAS
emanrique@uabc.edu.mx

Facultad de contaduría y administración,
Universidad Autónoma del Estado de Baja California

RESUMEN: La pandemia de COVID-19 ha acelerado un proceso de digitalización que ya estaba en marcha previamente. Este cambio digital ha sido impulsado por tecnologías emergentes como la inteligencia artificial, el blockchain, la computación cuántica y el análisis masivo de datos (big data). El hogar ha cobrado una mayor importancia, convirtiéndose en un centro fundamental para actividades laborales, educativas y sociales, todas facilitadas por la tecnología. Esta nueva realidad ha fomentado el crecimiento de la educación 4.0.. Este concepto se refiere a la integración de tecnologías avanzadas como el Internet de las cosas, la inteligencia artificial, el big data, la computación en la nube y la ciberseguridad. El capítulo analiza las principales tecnologías asociadas a la industria 4.0, con especial énfasis en el papel del big data y la inteligencia artificial. El big data se centra en la gestión de grandes cantidades de datos, lo que permite a las empresas poder tomar decisiones más informadas y desarrollar nuevos productos innovadores. Por otro lado, la inteligencia artificial se basa en algoritmos que imitan funciones cognitivas humanas, con aplicaciones en sectores como la salud y los servicios financieros. En conjunto, estas tecnologías son la base de la transformación digital que continúa impactando tanto a las industrias como a la sociedad en su conjunto.

Palabras clave: Digitalización. Industria 4.0, Big Data, Inteligencia Artificial

ABSTRACT: The COVID-19 pandemic has accelerated a digitalization process that had already begun. This digital shift has been fueled by technologies such as artificial intelligence, blockchain, quantum computing, and big data. The home environment has gained significance, becoming a central hub for work, education, and social interactions, all enabled by technology. As a result, Industry 4.0, also known as the Fourth Industrial Revolution, has expanded. This revolution is characterized by the integration of cutting-edge technologies such as the Internet of Things, artificial intelligence, big data, cloud computing, and cybersecurity. The chapter explores the key technologies driving Industry 4.0, particularly focusing on the roles of big data and artificial intelligence. Big data involves handling massive datasets that help businesses enhance decision-making and create innovative products. Meanwhile, artificial intelligence utilizes algorithms designed to replicate human cognitive processes, finding applications in fields like healthcare and finance. Together, these technologies are at the core of the digital transformation that continues to reshape industries and society as a whole.

Keywords: Digitalization, Industry 4.0, Big Data, Artificial Intelligence

INTRODUCCIÓN

El mundo enfrenta nuevos retos y escenarios, agravados por la pandemia de COVID-19. Aunque el proceso de digitalización comenzó hace más de una década, ha avanzado cada día gracias a tecnologías como la inteligencia artificial, blockchain, la computación cuántica y el análisis masivo de datos. La crisis sanitaria ha acelerado este proceso, y la transformación digital ha hecho que el hogar no solo sea un lugar para vivir, sino también un espacio central para actividades laborales, educativas y sociales, todo facilitado por la tecnología. Esto ha impulsado el crecimiento de la cuarta transformación industrial, la cual está trayendo cambios a un ritmo acelerado. Además, nos encontramos al borde de una nueva fase: la Industria 5.0.

Hablar de la Industria 4.0 es referirse a la integración de las TIC que están ejerciendo una gran influencia y demanda en el siglo XXI. Los avances tecnológicos que definen esta revolución incluyen LoT(internet de las cosas), la inteligencia artificial, el aprendizaje automático, la inteligencia de negocios, el big data, y otras tecnologías emergentes (Bordeleau et al., 2018).

Esta era, caracterizada por la transformación tecnológica, ha generado cambios en la sociedad, no solo a nivel cultural, sino también en la forma en que nos comunicamos. Este capítulo analiza las tecnologías más significativas que forman parte de la Industria 4.0. Se exploran conceptos y características del big data, los alcances de la inteligencia artificial, se describe la computación en la nube y sus aplicaciones, se examinan los avances del Internet de las cosas, y se reflexiona sobre la realidad virtual y la aumentada, así como el metaverso, un tema que ha ganado gran importancia recientemente.

LA INDUSTRIA 4.0

El concepto de Industria 4.0 surgió en Alemania y se ha extendido rápidamente entre los países líderes en desarrollo tecnológico. Algunos elementos clave de esta revolución han sido identificados, y aunque su variación ha sido mínima, existe consenso en que un factor crucial para evaluar a una organización como parte de esta industria no es solo el uso de tecnología, sino la capacidad de implementar sistemas colaborativos e inteligentes entre humanos y máquinas. Los elementos principales de una Industria 4.0 son:

- Big Data
- Simulación

- Inteligencia artificial
- Sistemas ciber físicos y Robótica
- Ciberseguridad
- Cloud Computing
- Internet de las cosas
- Realidad aumentada
- Integración

BIG DATA

Una de las tecnologías más representativas de la Cuarta Revolución Industrial es el big data, que surge como resultado de los enormes volúmenes de información que se generan continuamente. Estos datos provienen de diversas fuentes, como teléfonos móviles, redes sociales, el Internet de las cosas, mensajes de texto, correos electrónicos, búsquedas en Google, videos en YouTube, y la recolección de información sobre calidad del aire y temperatura en las ciudades, entre otros. Según Statista (2021), en el año 2020 se generaron aproximadamente 64 zettabytes de datos.

El volumen de información producido por los usuarios es tan grande que supera la capacidad de los sistemas tradicionales de gestión de datos, pero gracias al big data, es posible almacenar, procesar y analizar estos datos. Aunque el tratamiento de datos existe desde hace tiempo, fue a principios de los años 2000 cuando Doug Laney estableció la definición moderna de big data a través de las "tres V": volumen, velocidad y variedad (SAS Big Data Insights, 2021).

El término big data hace referencia a conjuntos de datos tan grandes que exceden las capacidades de las herramientas tradicionales de software de bases de datos. A medida que la tecnología sigue avanzando, la cantidad de datos también crece exponencialmente, alcanzando niveles que se miden en terabytes y petabytes. Sin embargo, un aspecto crucial a considerar es cómo se manejan estos datos, ya que la gran cantidad de información generada por los usuarios ha suscitado preocupaciones sobre la privacidad y la forma en que se gestionan estos datos.

El desarrollo del big data es inevitable y seguirá avanzando a medida que evolucionen las tecnologías y técnicas relacionadas. En el sector empresarial, se ha convertido en una herramienta fundamental para la toma de decisiones. Las empresas pueden identificar patrones de comportamiento de sus clientes, analizar compras pasadas y obtener información de fuentes externas, como redes sociales. Un sector donde el big data ha sido especialmente útil es el de la salud, permitiendo la recolección y análisis de datos clínicos, resultados médicos y la información generada por dispositivos electrónicos que miden indicadores como los niveles de glucosa o el ritmo cardíaco. En el sector financiero, big data apoya tanto en la banca como en el ámbito de los seguros, ayudando a optimizar procesos y ayudando en la toma de decisiones complejas.

El crecimiento del uso de datos conlleva beneficios, pero también plantea desafíos y riesgos, como los relacionados con la privacidad. En áreas como la política, big data permite conocer las opiniones de los votantes, mientras que en el deporte, ayuda a mejorar el rendimiento de los atletas. La cantidad de datos generada en diversas áreas de las organizaciones demanda profesionales capacitados en el análisis y procesamiento masivo de datos.

Big data también impulsa la creación de nuevos productos y servicios, así como la mejora de los existentes y el desarrollo de nuevos modelos de negocio. Los fabricantes utilizan los datos de los productos para mejorar futuras generaciones y crear innovadoras ofertas de servicios postventa. Además, la aparición de datos de ubicación en tiempo real ha generado una nueva red de servicios basados en la localización, desde sistemas de navegación hasta el establecimiento de precios basados en ubicación.

Los precios de propiedades y seguros de accidentes varían según la ubicación y el comportamiento de los conductores. Arthur (2011) menciona que el big data abarca la recopilación de datos tanto de fuentes tradicionales como digitales, y estas fuentes sirven como base para futuros descubrimientos y análisis.

Raúl Patha, director general de análisis en Amazon Web Services (AWS), señala que las empresas centradas en los datos toman decisiones estratégicas basadas en estos, por lo que es esencial considerarlos como un activo. Esto implica la necesidad de investigar cómo obtener, recolectar, analizar y utilizar los datos para fundamentar sus decisiones (AWS, 2020).

Mientras que el big data se refiere al almacenamiento y procesamiento masivo de datos, la inteligencia artificial utiliza algoritmos para imitar funciones cognitivas humanas, como el aprendizaje y la toma de decisiones. A continuación, se analiza el interesante campo de la inteligencia artificial.

INTELIGENCIA ARTIFICIAL

En la década de los 40, investigaciones en los campos de las matemáticas y la neurofisiología sentaron las bases para el desarrollo de la IA.

Hoy en día, los hogares están cada vez más conectados a la tecnología, con redes de alta velocidad que permiten el control de la temperatura, la seguridad y otros aspectos del hogar. Dispositivos como teléfonos móviles, refrigeradores y relojes inteligentes recopilan datos de forma continua, facilitando que las personas puedan pasar más tiempo en casa y realizar actividades como jugar, ver películas o apostar en línea. La inteligencia artificial permite que cualquier persona pueda crear contenido fácilmente.

La inteligencia artificial integra tecnologías que simulan las capacidades y características cognitivas humanas, no sólo imitando la información almacenada en el cerebro humano, sino también los procesos de aprendizaje y resolución de problemas. Este concepto puede aplicarse tanto a sistemas simples que ejecutan acciones humanas como a sistemas más complejos que simulan comportamientos y procesos cognitivos.

Uno de los avances más relevantes dentro del campo de la inteligencia artificial es el aprendizaje automatizado (machine learning), una rama que ha cobrado fuerza en los últimos años. El machine learning emplea algoritmos matemáticos que permiten a las máquinas aprender de manera autónoma. A través de esta técnica, las computadoras pueden resolver problemas analizando datos almacenados, identificando patrones, clasificando y prediciendo situaciones. El aprendizaje automático ofrece múltiples ventajas a las organizaciones, que cada vez invierten más recursos en desarrollar esta tecnología para optimizar sus procesos.

MACHINE LEARNING

El aprendizaje automático (machine learning) es una rama fundamental de la inteligencia artificial, que desarrolla algoritmos y técnicas que permiten a las computadoras aprender de manera autónoma. Además, es una base clave para la implementación de big data. En la actualidad, sectores como la salud, la construcción, las finanzas y la educación dependen de la información generada mediante la manipulación de grandes volúmenes de datos, los cuales se han convertido en una fuente esencial para la toma de decisiones. Las actividades de predicción y análisis que requieren las empresas para comprender el comportamiento de los consumidores, los mercados o los estudiantes son posibles gracias al machine learning.

El machine learning se basa en la creación de sistemas que funcionan de manera similar a redes neuronales, permitiendo a las computadoras aprender de forma autónoma. Los principales tipos de algoritmos son: Aprendizaje supervisado: Utiliza datos etiquetados para identificar patrones y tomar decisiones basadas en un conjunto de conocimientos previos. Algunos algoritmos representativos son la regresión lineal, la regresión logística y las redes neuronales. Aprendizaje no supervisado: Busca similitudes o diferencias en los datos sin contar con una base de conocimiento previa. Entre los algoritmos más comunes están los algoritmos de clustering y el análisis de componentes principales. Aprendizaje por refuerzo: El sistema se retroalimenta y actualiza su comportamiento con base en las acciones y los resultados obtenidos con el tiempo.

Las aplicaciones del machine learning son muy amplias. En el campo de la salud, por ejemplo, se usa para diagnosticar y predecir enfermedades a partir de imágenes médicas y para desarrollar chatbots que interactúan con pacientes a través de cuestionarios que apoyan en el diagnóstico.

Dentro del campo del big data y la ciencia de datos, las técnicas de machine learning están ganando relevancia debido a su amplia gama de aplicaciones. Estas técnicas han sido fundamentales para la inteligencia de negocios, la toma de decisiones y la analítica de datos, aspectos esenciales para las empresas. Una rama derivada del machine learning es el deep learning, que comparte ciertos principios pero utiliza algoritmos distintos. Mientras que el machine learning emplea árboles de decisión y regresión, el deep learning trabaja con redes neuronales, las cuales imitan el funcionamiento del cerebro humano mediante conexiones neuronales.

El deep learning, también conocido como "aprendizaje profundo", surge a partir del uso de redes neuronales. Este enfoque permite que las computadoras adquieran conocimientos sin necesidad de estar explícitamente programadas (Michael, 2020). Al igual que el cerebro humano, los sistemas de deep learning aprenden de la experiencia. La mayoría de los métodos de aprendizaje profundo emplean arquitecturas de redes neuronales.

DEEP LEARNING

El deep learning es un concepto clave dentro de las áreas de investigación de redes neuronales, inteligencia artificial, identificación y optimización de patrones, modelado gráfico y procesamiento de señales. Este enfoque está avanzando hacia la creación de sistemas capaces de tomar decisiones basadas en ejemplos, en lugar de depender de una programación rígida.

El aprendizaje profundo consiste en una combinación de técnicas de machine learning que emplean redes neuronales profundas. Estas redes requieren una gran cantidad de datos para entrenarse y utilizan capas de "neuronas" matemáticas para procesar la información. Estas capas permiten identificar elementos como sonidos de habla o reconocer objetos visuales. Los datos se transmiten a través de varias capas, donde la salida de una capa se convierte en la entrada de la siguiente. Estas capas se dividen en capas de entrada, intermedias (llamadas capas ocultas) y de salida. Cada capa está compuesta por algoritmos que cumplen funciones de activación específicas (Thiago, 2019).

Se espera que el aprendizaje automático evolucione hacia un aprendizaje no supervisado, en el que los algoritmos puedan aprender de manera autónoma sin intervención humana, generando conclusiones a partir de los datos recibidos. En el contexto actual, el machine learning está en constante avance, especialmente en áreas como el big data y el internet de las cosas. Los algoritmos tradicionales se mejoran continuamente para imitar las capacidades perceptivas de los humanos.

En el deep learning, las estructuras lógicas imitan la organización del sistema nervioso de los mamíferos, con capas de unidades de procesamiento (neuronas artificiales) especializadas en detectar características específicas en los objetos percibidos. Un campo clave de aplicación es la visión artificial, que ha logrado avances significativos en comparación con los algoritmos tradicionales. Existen diversos entornos y bibliotecas de código para deep learning, que se ejecutan en las unidades de procesamiento gráfico de las computadoras (Arrabales, 2016).

Cuando hablamos de inteligencia artificial, es crucial abordar el tema de las redes neuronales artificiales y el aprendizaje profundo. El deep learning es un tipo de algoritmo jerárquico de machine learning que puede tomar modelos existentes y usarlos para predecir resultados futuros basándose en los datos disponibles. Las predicciones se generan mediante el proceso de aprendizaje, no a través de reglas programadas, y abarcan áreas como el procesamiento de voz, imágenes, texto y video.

En machine learning, se utilizan capas de procesamiento no lineales para extraer y transformar los datos. Cada capa utiliza como entrada los resultados de la capa anterior. Los algoritmos pueden ser supervisados o no supervisados, y sus aplicaciones incluyen análisis de patrones (aprendizaje no supervisado) y clasificación (aprendizaje supervisado) (Ladrero, 2018).

Uno de los ámbitos donde el aprendizaje profundo ha encontrado una mayor aplicación es en el internet de las cosas (IoT), un área en crecimiento debido a su capacidad de integrar la tecnología y la conectividad en las actividades cotidianas. A continuación, analizaremos este tema más a fondo.

EL INTERNET DE LAS COSAS (IOT)

De acuerdo con Weiser (1991), el Internet de las cosas (IoT) se refiere a la integración de elementos cotidianos mediante el uso de la tecnología, permitiendo que una vasta red de información se gestione a través de una "computadora". Es una infraestructura global que, en el contexto de la sociedad de la información, facilita la ejecución de servicios mediante la interconexión de objetos físicos y/o virtuales mediante tecnologías de la información y la comunicación (Brea, 2018).

Este proceso conecta objetos comunes al Internet, como electrodomésticos, teléfonos y dispositivos médicos. El término se refiere a sistemas físicos que intercambian y procesan datos a través de redes inalámbricas, con muy poca intervención humana, ya que los componentes informáticos están integrados en estos dispositivos. Algunas aplicaciones del IoT incluyen sensores para monitorizar la temperatura y humedad en una ciudad, sistemas de ciudades inteligentes, equipos industriales o dispositivos personales como relojes inteligentes. Para que el IoT funcione correctamente, se requiere no solo de dispositivos equipados con sensores, sino también de software, tecnologías de transmisión de datos y conectividad entre dispositivos, lo que genera una hiperconectividad. Este proceso introduce nuevas tecnologías y actualiza las existentes, proporcionando la base de datos que, una vez analizados, permiten a las organizaciones tomar decisiones estratégicas (SAS Insights, 2021).

Un factor clave en el desarrollo del IoT es el cómputo en la nube, que permite almacenar y procesar grandes cantidades de datos. Esto ha brindado a las organizaciones una mayor seguridad en la gestión de su información. No obstante, la seguridad y privacidad de los datos sigue siendo esencial para fomentar el uso del IoT. En este contexto, la tecnología blockchain destaca como una solución prometedora, al permitir una descentralización de la seguridad. Cada nodo de la red mantiene una copia de las transacciones y las identidades de los usuarios, lo que facilita rastrear cualquier modificación o intento de ataque contra la seguridad de la información.

Los teléfonos celulares, refrigeradores y vehículos autónomos que interactúan a través del IoT generan enormes cantidades de datos (big data), que nutren el machine learning y el deep learning. Esto, a su vez, impulsa la evolución de la inteligencia artificial, acercándonos a lo que Ray Kurzweil (2005) describe como "la singularidad".

El almacenamiento en la nube ya no es considerado una tecnología de vanguardia, sino una base esencial para el funcionamiento de los negocios actuales. Facilita la optimización de la economía y promueve la innovación en un mundo donde el comercio digital, la automatización de fábricas y la adaptación de los usuarios al entorno digital son cada vez más comunes. Esto requiere la participación de personas creativas, así como expertos en áreas como el marketing digital y el comercio electrónico. Además, la computación cuántica comenzará a aplicarse de manera práctica.

Los avances tecnológicos como el Internet de las cosas y las nuevas formas de interacción están impulsando la innovación en áreas como los entornos virtuales, que se desarrollan mediante tecnologías como la realidad virtual y la realidad aumentada. Estos entornos artificiales permiten que las personas interactúen entre sí utilizando avatares y objetos virtuales. Los avatares y los mundos virtuales pueden representarse en 2D o 3D, y ofrecen oportunidades impresionantes para el avance de la sociedad.

REALIDAD VIRTUAL (RV)

En el siglo XX, la realidad virtual (RV) ha ganado popularidad como un medio digital que permite crear entornos generados de manera artificial, proporcionando experiencias inmersivas. Un ejemplo temprano de su uso son los simuladores de vuelo, que sumergen a los usuarios en entornos virtuales que les permiten interactuar con escenarios simulados de la realidad (Rubio-Tamayo y Gértrudix, 2016). El concepto de RV combina dos términos que pueden parecer opuestos: por un lado, la "realidad", que alude a lo que es tangible y existente, y por otro, lo "virtual", que simula ser real sin serlo. En conjunto, la realidad virtual se define como un entorno digital en el que los usuarios pueden experimentar y participar en situaciones que imitan el mundo real mediante el uso de herramientas tecnológicas.

El uso de la RV ha crecido en popularidad y se ha vuelto más accesible para un público más amplio. En los últimos años, su implementación ha aumentado en campos como la educación, el entretenimiento, la medicina, y más. Esta tecnología consiste en la creación de una simulación tridimensional dinámica que ofrece al usuario una experiencia inmersiva, donde percibe un entorno artificial como si fuera real, estimulando sus sentidos.

Para que una instalación se considere un entorno de realidad virtual, debe cumplir con ciertas condiciones. Una de ellas es la simulación, que consiste en la capacidad de representar un sistema con un alto grado de similitud con la realidad, haciendo que el usuario perciba estar en un entorno paralelo regido por reglas similares a las del mundo real. Otra característica clave es la interacción, que permite al usuario tener control sobre sus acciones dentro del entorno virtual, las cuales afectan el sistema. La interacción puede lograrse mediante diferentes interfaces hombre-máquina, como teclados, ratones, guantes o trajes sensoriales.

La percepción también juega un papel crucial en la RV, ya que los sistemas suelen basarse en la estimulación de los sentidos del usuario (vista, oído, tacto, olfato y gusto) mediante dispositivos externos, como cascos de visualización y guantes de realidad virtual. El grado de inmersión que ofrece la RV es vital para que el usuario sienta que está dentro de un mundo nuevo y participe en él, generando efectos sobre el entorno y sus componentes.

Una de las industrias que ha liderado el impulso en el desarrollo de dispositivos de RV es la de los videojuegos. Títulos como Call of Duty han alcanzado enormes éxitos financieros, lo que ha motivado la creación de numerosos videojuegos diseñados para dispositivos móviles. Además, varios medios de comunicación han desarrollado plataformas de RV, aprovechando el creciente interés por esta tecnología. Sin embargo, a pesar de los avances en los dispositivos portátiles, estos todavía no son lo suficientemente potentes como para ofrecer escenarios virtuales de alto realismo como los que pueden experimentarse con cascos de RV más avanzados (Cárdenas, n.d.).

REALIDAD AUMENTADA (RA)

La realidad aumentada (RA) es una tecnología que permite superponer información digital sobre objetos reales a través de dispositivos tecnológicos. Johnson et al. (2016) la definen como “la superposición de datos a través de espacios 3D para producir una nueva experiencia del mundo, amplificando el acceso a la información y generando nuevas oportunidades para el aprendizaje”.

Chamba-Eras et al. (2017) destacan que la RA mezcla objetos físicos y virtuales, mejorando la interacción entre ambos mundos al proporcionar información adicional en tiempo real sobre el entorno físico. Así, podemos definir la realidad aumentada como aquella tecnología que permite acceder a elementos virtuales de información digital en el mundo real mediante un dispositivo tecnológico.

Según Cárdenas et al. (2018), la realidad aumentada ha evolucionado a través de tres etapas: Primera etapa: La aparición de videojuegos en computadoras personales, donde las experiencias de RA eran de alta calidad. Segunda etapa: Con la llegada de los teléfonos inteligentes, los usuarios comenzaron a participar en experiencias que incluían nuevos componentes como aplicaciones turísticas y el uso de geolocalización. Esta etapa también vio el surgimiento de diversas herramientas para el desarrollo de aplicaciones de realidad aumentada. Tercera etapa: La inclusión de dispositivos como lentes con visores, que comenzaron a ser utilizados no solo en videojuegos, sino también en aplicaciones prácticas como cirugías. Esta etapa ha demostrado que la RA es una tecnología multidisciplinaria, que continúa fortaleciéndose y ofreciendo cada vez más ventajas y áreas de crecimiento.

METAVERSO

El término metaverso se originó en la novela Snow Crash, publicada en 1992 por Neal Stephenson, donde se describe un plano virtual como un mundo digital colectivo (González, 2021). Este concepto representa un espacio virtual compartido e integrado donde lo físico y lo digital convergen, permitiendo a los usuarios interactuar en entornos tridimensionales persistentes que están conectados al mundo real. En este entorno, las personas interactúan de diversas maneras, tanto social como económicamente, a través de avatares en un ciberespacio que actúa como una metáfora del mundo real.

En 2021, Mark Zuckerberg, CEO de Facebook, anunció que la compañía estaba desarrollando su propio metaverso, y en octubre de ese año, presentó el cambio de nombre de Facebook a Meta, marcando un enfoque renovado hacia la creación de un metaverso. Para impulsar esta tecnología, han sido fundamentales los dispositivos de hardware, como cascos y lentes de realidad virtual.

Los avances tecnológicos han permitido la creación de mundos virtuales en tres dimensiones que ofrecen interactividad y características de un entorno real, donde los usuarios pueden vivir una “segunda vida”. Este acceso se realiza a través de Internet, utilizando computadoras, dispositivos móviles o equipos de realidad virtual, y en muchos casos, los usuarios deben crear su propio avatar (BBVA, 2021).

Se espera que el metaverso inicie una nueva era de experiencias digitales y se considere el sucesor del Internet. Entre las posibilidades futuras se mencionan eventos como conciertos virtuales en 3D y videojuegos que ofrecen recompensas que se pueden exhibir en ambientes virtuales. Sin embargo, el desarrollo del metaverso no solo depende de la infraestructura tecnológica, sino también de la definición de modelos de negocio, que pueden incluir suscripciones, compras virtuales o publicidad, así como garantizar la privacidad y la seguridad de los datos de los usuarios (Orellana, 2021).

La transformación de Facebook a Meta es vista como un hito en la evolución del metaverso, proyectando un universo virtual que combina diversión, trabajo y turismo, con un alto potencial comercial y una promesa de revolucionar cómo interactuamos con el espacio digital.

TRANSFORMACIÓN DIGITAL

La disrupción digital forma parte de una nueva revolución industrial caracterizada por avances significativos como el Internet de las Cosas, los medios digitales, tecnologías de almacenamiento, big data y conectividad 3.0. Estos desarrollos abren nuevas oportunidades para mejorar la eficiencia empresarial y están redefiniendo el panorama en el que operan las organizaciones.

En este contexto, las empresas deben adaptarse a un entorno digital que influye en los modelos de negocio y la gestión organizativa. La aceleración de estos cambios pone en riesgo la supervivencia de las organizaciones que no abracen la transformación digital. Este cambio afecta no solo las relaciones sociales y personales, sino también las interacciones entre consumidores y empleados. Por lo tanto, es esencial desarrollar un modelo de innovación que se alinee con la estrategia, cultura y capacidades organizativas, apoyando la creación de estrategias digitales efectivas.

Un factor clave en este proceso de transformación es el liderazgo. Los líderes deben promover y apoyar el cambio hacia la transformación digital y fomentar una cultura que facilite este proceso como respuesta a los desafíos que surgen tras crisis y cambios acelerados (Llorente & Cuenca, 2016).

La transformación digital implica una reorientación total de la organización hacia un modelo digital, centrado en mejorar la experiencia del cliente y aumentar la eficiencia mediante la integración de capacidades digitales en productos y procesos. Según Salas (2018), esta transformación esencialmente modifica la organización utilizando herramientas innovadoras y tecnologías avanzadas, al mismo tiempo que transforma radicalmente su cultura corporativa para adoptar nuevos modelos operativos y de negocio.

Una dimensión crucial de esta transformación es la capacidad analítica de las organizaciones, facilitada por el uso de big data. Esto permite a las empresas entender a fondo el comportamiento del cliente, lo que a su vez propicia la creación de productos y procesos innovadores. A través de la analítica digital y el business intelligence, las organizaciones pueden generar conocimiento a partir de la masiva producción de datos resultante del avance tecnológico.

Sin embargo, la transformación digital también plantea dilemas éticos significativos, especialmente en relación con el uso de big data. Un aspecto relevante a considerar es cómo las máquinas, incluso cuando están programadas para tomar decisiones morales, actúan según las directrices de su programación. Esto resalta la necesidad de una reflexión crítica sobre la ética en la toma de decisiones automatizadas en un entorno digital.

BIBLIOGRAFÍA

Arrabales, R. (2016, Octubre 28). Deep Learning: qué es y por qué va a ser una tecnología clave en el futuro de la inteligencia artificial. Retrieved Noviembre 7, 2021, from https://www.xataka.com/robotica-e-ia/deep-learning-que-es-y-por-que-va-a-ser-una-tecnologia-clave-en-el-futuro-de-la-inteligencia-artificial

Arthur, W. Brian (2011) The Second Economy. McKinsey Quarterly, October. Mckinsey & Company

AWS, MITSloan,(2020), Management Review, Cómo construir una estrategia de datos exitosa, Guía ejecutiva.

BBVA (2021). Metaversos: los mundos virtuales que están por venir. Consultado en https://www.bbva.com/es/metaversos-los-mundos-virtuales-que-estan-por-venir/

Bordeleau, F.-È., Mosconi, E., & Santa-Eulalia, L. A. (2018). Business Intelligence in Industry 4.0: State of the art and research opportunities. Proceedings of the 51st Hawaii International Conference on System Sciences, 9, 3944–3953, https://doi.org/10.24251/hicss.2018.495

Brea, Sánchez V(2018). Internet de las cosas-Horizonte 2050.

Chamba-Eras, Luis & Aguilar, Jose. (2017). Augmented Reality in a Smart Classroom. Case Study: SaCI. IEEE Revista Iberoamericana de Tecnologías del Aprendizaje. PP. 1-1. 10.1109/RITA.2017.2776419.

Consortium. Recuperado. Sep 2021 de https://www.learntechlib.org/p/171478/.

d+i. Desarrollando Ideas de Llorente & Cuenca. (2016). La transformación digital. UNO. Retrieved Octubre 6, 2021, from https://www.revista-uno.com/wp-content/uploads/2014/04/UNO24.pdf

González,Alberto, (2021), Facebook y el metaverso: Qué es, en qué consiste y por qué debemos estar preparados.Consultado: https://vandal.elespanol.com/reportaje/random-facebook-y-el-metaverso-que-es-en-que-consiste-y-por-que-debemos-estar-preparados

Henry Alberto Cárdenas Ruiz, Fredy Yesid Mesa Jiménez, Marco Javier Suarez Barón. (Diciembre 2018). Realidad aumentada (RA) aplicaciones y desafíos para su uso en el aula de clase. Educación y ciudad,, 35, 137-148.

Johnson, L., Adams Becker, S., Cummins, M., Estrada, V., Freeman, A. & Hall, C. (2016). NMC Horizon Report: 2016 Higher Education Edition. Austin, Texas: The New Media

Kurzweil, Ray (2005) The Singularity is Near. When Humans Transcend Biology. Viking, The Penguin Group. London, England.

M. Weiser, "The Computer for the 21st Century", SCI Amer Weiser, pp. 94-104, 1991.

Ladrero, I. (2018, Noviembre 14). Deep Learning: qué es y cómo se está usando. Retrieved Noviembre 7, 2021, from https://www.baoss.es/que-es-deep-learning-usos/

Michael L. George S (2020). Lean Six Sigma en la era de la inteligencia artificial. https://uabc.vitalsource.com/reader/books/9786071514523/epubcfi/6/8%5B%3Bvnd.vst.idref%3DLean_six_sigma-finas-Mar19-EPUB-2%5D!/4%5BLean_six_sigma-finasMar19-EPUB-2%5D/2/18/2%5B_idContainer123%5D

Orellana, Rodrigo (2021).Qué es el metaverso y quiénes lo impulsan. Digital Trends ES, Consultado en: https://es.digitaltrends.com/realidad-virtual/que-es-metaverso/

Ovidiu Vermesan, Joël Backquet.(2017) Cognitive Hyperconnected Digital Transformation: Internet of Things Intelligence Evolution. EU, Belgium: River Publishess http://www.internet-of-things-research.eu/

Pérez, Rosangela & Escudero, Ana. (2020). Realidad aumentada en la enseñanza. Revista Digital Universitaria. 21. 10.22201/cuaieed.16076079e.2020.21.6.9.

SAS Insights (2021). ¿Qué es internet de las cosas (IoT)?

Thiago, E. (2019, Mayo 8). DEEP LEARNING Y SUS APLICACIONES HOY. Retrieved Noviembre 7, 2021, from https://www.nucleodoconhecimento.com.br/administracion-de-empresas/deep-learning-3